DER DRAMATIKER FRANZ MOLNÁR

DRAMATIKER · STÜCKE · PERSPEKTIVEN

GEORG KÖVARY

DER DRAMATIKER
FRANZ MOLNÁR

UNIVERSITÄTSVERLAG WAGNER · INNSBRUCK

Die Herausgabe dieser Publikation erfolgt im Einvernehmen mit
dem Institut für Österreichische Dramaturgie an der Hochschule
für Musik und darstellende Kunst in Wien

CIP-Kurztitelaufnahme der Deutschen Bibliothek

Kövary, Georg:
Der Dramatiker Franz Molnár / Georg Kövary. —
Innsbruck: Universitätsverlag Wagner, 1984.

(Dramatiker, Stücke, Perspektiven)
ISBN 3-7030-0141-0

Copyright © 1984 by Universitätsverlag Wagner, A-6010 Innsbruck
Gesamtherstellung: Druckerei G. Grasl, A-2540 Bad Vöslau
Printed in Austria

INHALT

Einleitung. Von Kurt Becsi 7

1. Franz Molnárs Bedeutung im österreichischen Theater und in der Weltdramatik 15
2. Jugend, erste Versuche 19
3. Die Zeit der Jahrhundertwende, Molnárs Anfänge 23
4. „Der Herr Verteidiger" 29
5. Erste Ehe und „Der Teufel" 33
6. Das große Drama „Liliom" 41
7. „Der Leibgardist" wurde zum „Gardeoffizier" 50
8. „Das Märchen vom Wolf" 57
9. Franz Molnár und der Erste Weltkrieg 60
10. „Herrenmode" 63
11. Nostalgie und Ironie: „Der Schwan" 67
12. „Theater" — drei Einakter 75
13. Zweite und dritte Ehe, „Himmlische und irdische Liebe" und „Die rote Mühle" 80
14. „Der gläserne Pantoffel" 83
15. Ein Einakter, ein Zweiakter: „Nachspiel zur Operette" und „Riviera" 86
16. „Spiel im Schloß" 89
17. „Olympia" 93
18. Der Einakter „Eins, zwei, drei" 97
19. „Die Fee" 100

20. Ab 1931 Molnár in Wien — Lustspiel „Jemand" ... 102
21. „Harmonie" 104
22. „Wunder in den Bergen", „Das unbekannte Mädchen", „Hochzeit", „Die Zuckerbäckerin" 107
23. „Große Liebe" 110
24. „Delila" 112
25. Emigration — In New York — Wanda Bartha — „The King's Maid", „Panoptikum", „Der Kaiser", „... or not to be", „Spiel der Herzen" — Molnárs Tod 114
26. Franz Molnárs Persönlichkeit und Werk im Panorama der Weltdramatik — Molnárs Renaissance 122

EINLEITUNG

Als Kaiser Augustus im Sterben lag, sagte er zu seinen Freunden: „Plaudite amici, comedia finita est!" Und diese Komödie, zu der seine Freunde Beifall klatschen sollten, umfaßte nicht nur das Leben des Octavian, der Augustus wurde, sondern auch das Schicksal des Römischen Weltreiches, eines Schwerpunktes der Weltgeschichte überhaupt. Doch nicht genug: Die Komödie, die zu beklatschen war, umschloß zugleich das Schicksal von Millionen Menschen, die mit Augustus, vor und auch nach ihm, lebten. In diesen letzten Worten des ersten römischen Weltimperators leuchtet jedoch die erregende und grandiose Vision auf, daß der Weltgeschichte, die ein Kosmos von Milliarden Schicksalen ist, auch ein Komödienkosmos zugrunde liegt, weil das Weltgeschehen, und ihm eingeschlossen und verbunden das Schicksal jedes Menschen, sich nicht nur in der Tragödie, sondern auch in der Komödie darstellt. Kein geringerer als William Shakespeare wußte darum. Sein Welttheater umfaßt beide Momente, Tragödie und Komödie, und oft durchdringen sie einander.

Einen „Komödienkosmos" aber stellt Franz Molnárs Schaffen dar, wie es einmal Hans Weigel zutreffend formuliert hat. Daher gehören die besten Werke Molnárs dem Welttheater an. Und weil es so ist, ist Franz Molnár auch dem österreichischen Theater einzureihen, das im Sinne des großen Barocken Welttheaters — das weitgehend seine Eigenart mitbestimmt hat — diesen Komödienkosmos dargestellt hat. So verstanden ist Franz Molnár ein österreichischer, genauer ein österreichisch-ungarischer Dichter. Er ist aus dem geistigen und kulturellen wie politischen Großraum der Doppelmonarchie nicht wegzudenken. Er war auch immer seiner Gesellschaft, seinen Frauen, seinen Problemen, bis zu seinem Tode — gerade auch in der Emigration in Amerika — verbunden.

Einleitung

Ungarn selbst, vor allem das einstige Großungarn, ist sozusagen eine Schale, eine Gralsschale, die nicht das Blut Christi, sondern das kosmische und metakosmische Licht der Sonne in sich schließt. Und das Wesen des ungarischen Geistes im weiteren Sinne besteht darin, daß er das Licht der Sonne zu Phantasie, Liebe, Vitalität und Zeiten und Räume überwindenden Aktionen werden läßt. Kein anderes Volk Europas liegt so sehr, in der Ungarischen Tiefebene ausgebreitet, dem Sonnenhaften ausgeliefert wie die Magyaren. Dieses leidenschaftliche, stets unruhige, stets nach Abenteuern drängende, stets zutiefst vom Sonnenhaften besessene Wesen trieb einst die Scharen Attilas, aus den Tiefen Asiens kommend, bis hin nach Reims. Und auch dann, als sie im Donauraum seßhaft geworden waren, seit den Arpaden, seit Stephan dem Heiligen, liegt es stets zum Sprunge, zu einem großen Ereignis bereit, ahnend, daß es einmal mitbestimmt sein könnte, zu einer künftigen Brücke Europas hin zu den großen Weltfeldern des Fernen Ostens, zu China und zu Japan, zu werden. Und im Rahmen der einstigen österreichisch-ungarischen Doppelmonarchie wurde Ungarn immer mehr zu einem „Vitalitätsmagneten", der nicht nur eminente Energie auf sich konzentrierte, sondern auch ebenso eminente Energie aus sich strahlte.

Dieses besondere Wesen der ungarischen Nation, das die Herrlichkeit und Schöpfungsmächtigkeit des Sonnenhaften in den Ereignisraum der Weltgeschichte schleudern, aber auch in die Erde transformieren oder sogar aus ihr heraus beschwören wollte, dieses zutiefst revolutionäre, stets zu Unendlichkeiten bereite und offene „Quantenwesen" der Ungarn ließ sie zugleich zu einem Volke der Kentauren werden. Zu einem Volke, in dem Mensch und Pferd zu einer einzigartigen mythischen Einheit verschmelzen. Und läßt sie, stets dem Mythischen verbunden — wie etwa in der Dichtung Endre Adys (1877—1919) —, chevaleresk bleiben. Irgendwie, irgendwo steht für jeden Ungarn ein Pferd bereit, das auf ihn wartet, wie er auf dieses, fährt er auch Auto.

Aus dem Kentaurenhaften-Chevaleresken ist weitgehend das jahrhundertealte Rückgrat der ungarischen Nation, ihre Gentry, ihre Aristokratie zu begreifen, ähnlich den Samurais in Japan. Andererseits ist Ungarn undenkbar ohne sein aufgeschlossenes Bürgertum, seine Intelligenz, nun auch seiner immer bewußter werdenden Arbeiterschaft, wie seines Bauerntums, welches das Licht der Sonne, ihre Schöpferkraft, in der Erde und in den reichen Ernten mythisch und mystisch feiert. Es liegt daher nahe, daß dem Ungarn das Sonnenhafte im Blute, in der Liebe zur Frau und zur Familie Ereignis wird, das sich tiefsten Herrlichkeiten zu öffnet.

Das Erleben der Liebe, auch des Erotischen, empfinden die Ungarn nicht nur als Fülle wie Abenteuer des Seins, sondern als Poesie an sich, eingeschlossen einer das Leben des Universums bestimmenden Weltphantasie. Das fühlt, das weiß vor allem auch Franz Molnár: Die Liebe hat im Zentrum des Lebens zu atmen, weil sie nicht nur das Licht der Sonne, das Sonnenhafte, sondern auch das Märchenhafte und Traumhafte, letztlich eben die Weltphantasie beschwört, die sich oft in Elegien und Melancholien offenbart.

So ist es also ein weites, interessantes und erregendes Geistesfeld, dem Franz Molnár durch seine Heimat, durch Ungarn, verbunden ist. Ein Geistesfeld, das im ausklingenden 18., im 19. und im beginnenden 20. Jahrhundert durch bedeutende Dichter und auch Dramatiker bestimmt erscheint. Es wird in seinem Beginn vor allem durch den Dramatiker und Philosophen György Bessenyei (1747—1811) akzentuiert, der nicht nur als „Lessing der ungarischen Literatur" bezeichnet wird, sondern von dem Moritz Csáky in seiner 1979 erschienenen Abhandlung, „Die Präsenz der ungarischen Literatur in Wien um 1800", sogar sagt, er wäre jene Persönlichkeit, welche „auf die ungarische Literatur den größten Einfluß ausgeübt hat". Bessenyei folgt dann der große Lyriker und Revolutionär, der „ungarische Liebling der Götter", wie er genannt wird, Sándor Petöfi. Mihály Vörösmarty ist der bedeutendste Dichter und Dramatiker der ungarischen Romantik. Und Imre Madách schreibt um 1859/60 seine faustisch dramatische Weltdichtung „Die Tragödie des Menschen". Die Werke des großen Romanciers Mór Jókai werden jedoch überall in Europa gelesen und bekannt. Und Endre Ady, vielleicht eine der interessantesten Persönlichkeiten Ungarns, profiliert sich als Mystiker und Symbolist, aber auch durch seine revolutionären Ideen.

Franz Molnárs Neigung zum Volksstück wird durch die leidenschaftliche Begeisterung der Ungarn dafür verständlich. 1875 wurde zu seiner Entwicklung sogar ein eigenes Theater gegründet. Das Operettenhafte, Tanz und Gesang, wird dem Volkstheater verbunden. Wie es in Wien die berühmte Volksschauspielerin Marie Geistinger war, so ist es in Ungarn die charmante große Sängerin und Schauspielerin Lujza Blaha, die das Volk begeisterte und mit sich riß. Und der Dramatiker Gergely Csiky (1842—1891), ein katholischer Priester, schreibt um eben diese Zeit bühnenwirksame perfekte Stücke, die sich mit jenen des weltbekannten Franzosen Victorien Sardou messen. Hinzu kam, daß bei der Entstehung einer eigenen ungarischen Dichtung stets der französische mit dem deutschen und dann auch mit dem russischen Einfluß gerungen hat.

Das spiegelt sich auch im Schaffen von Franz Molnár, dessen Lieblingsdramatiker nicht nur Sardou und Scribe, sondern auch Gerhart Hauptmann, August Strindberg und besonders Oscar Wilde und Leo Tolstoi gewesen sind.

So wuchs das dramatische Schaffen Franz Molnárs aus dem Umfeld der ungarischen Literatur, wie später aus der Weltliteratur, manchmal dem Boulevardtheater, aber in seinen größten Werken dem Welttheater, zuletzt dem „Komödienkosmos" zugewandt. So wurde es zu einem Entwurf hin zu einem Theater des Allgemein-Menschlichen, zu einem Theater des Kosmopolitischen, wurde schließlich, wie ich glaube, zu einem Entwurf eines künftigen Komödientheaters einer Vereinten Menschheit. So regte Franz Molnárs Schaffen auch Luigi Pirandello an. So konnte er literaturgeschichtlich nach Tschechow zwischen Gorki, Shaw, Galsworthy und Maugham eingereiht werden. So konnten seine besten Stücke sogar mit Moliere, Wilde, Maupassant und auch mit Hofmannsthal und mit Schnitzler verglichen werden. Überdies: Im April 1913, als in Budapest Schnitzlers „Professor Bernhardi" aufgeführt wird, der damals noch nicht in Wien gespielt werden kann, lernt Arthur Schnitzler Molnár persönlich kennen. Und es ist ferner interessant: Viele Jahre später, 1959, inszenierte Arthur Schnitzlers Sohn Heinrich im Theater in der Josefstadt Molnárs Stück „Panoptikum". Der ungarische Mensch ist stets ein „homo politicus" gewesen und hier dem Griechen sowohl des klassischen Athens des Perikles und Demosthenes wie dem modernen ähnlich. Franz Molnár erklärte zwar in seiner Rede, die er 1928 an der Columbia University hielt unter anderem: „Ich bejahe die Auffassungen nicht, daß das Theater eine Lehrkanzel sei. Zu Propagandazwecken halte ich jede Volksversammlungsrede für besser geeignet als eine Theateraufführung. Hinter dem Vorhang lebt eine Traumwelt auf und wenn der Vorhang fällt, ist diese Welt entschwunden und das Leben geht unverändert weiter.", — aber entsprach das wirklich immer seinem Verhalten? Zu sehr ist auch Molnár, gerade er, ein „homo politicus" gewesen. Und seine Verbindung zur Ungarischen Revolution nach dem Ersten Weltkrieg, in dem György Lukács, führender marxistischer Philosoph, Literaturtheoretiker und Schriftsteller, später dann Gegner Molnárs, Volkskommissar wurde, ist eine Tatsache. Und es ist auch kein Zufall, daß Bert Brecht Stücke von Molnár gelesen hat. Und viele von Molnárs Stücken sind — wie wir heute klar erkennen — Satiren, Angriffe, die eine seelenlos gewordene Gesellschaft, eine Aristokratie, die keine Werte mehr zu besitzen schien, enthüllte. Eine Aristokratie allerdings, unter der sich Molnár vergnügt bewegte wie in dem Kreise des Großbürgertums, dem er sich zugehörig fühlte. Wie auch immer — im Welttheater Franz Molnárs, das ihn immer mehr in sich saugte, als er sich diesem immer besessener hingab, und ein Stück nach dem anderen schrieb, tritt anstelle der Idee der Weltrevolution das Weltmärchen im Weltspiel. Ein Weltmärchen, das letztlich wie die Weltrevolution — sub specie aeternitatis — in der Weltphantasie wurzelt.

Und dieser Weltphantasie war Franz Molnár wie vor ihm der große Österreicher Ferdinand Raimund zutiefst verbunden, und wieder vor diesem der venezianische

Dramatiker Carlo Graf Gozzi. Gerade von diesem Aspekt der Weltphantasie aus deutet sich überraschend die eminente Aktualität der Stücke Molnárs für unsere Gegenwart und Zukunft. Denn in einer Zeit, in welcher die moderne Zivilisation vom „Tode der Phantasie" bedroht wird, ist das „Theater der Phantasie" notwendiger als je vorher. Und: Das Theater der Phantasie wird umso aktueller, je mehr sich unsere Zivilisation einer abstrakten Intelligenz, einem kybernetischen, einem Computer-Zeitalter zubewegt. Gleichzeitig aber enthüllt uns gerade die moderne Wissenschaft, die Physik und Kosmologie, das Elektronenmikroskop wie die neuesten Teleskope, welche die Faszination des Universums erschauen lassen, das Phantastische des Seins in der Kleinen wie in der Großen Welt.

Das österreichische Theater war stets einem Theater der Phantasie, einem Theater des Barocken, des Lebens, bis zum Skurrilen verbunden — man denke hier an Herzmanovsky-Orlando —, aber auch stets offen einem Theater des Realismus, der Gesellschaftskritik und der Satire. Man denke hier an Ferdinand Raimund und an Johann Nestroy, an die beiden Schöpfungspole des österreichischen Theaters. Und mit Ferdinand Raimund wie mit Johann Nestroy hat man auch Franz Molnár verglichen. So ist Molnár, dessen Stücke die Atmosphäre Österreich-Ungarns atmen, und die immer wieder in Wien gespielt wurden und werden, so im Burgtheater, im Theater in der Josefstadt wie im Volkstheater — Molnár, der dann, ab 1931 in Wien seinen dauernden Wohnsitz hatte, bevor er nach Amerika emigrierte —, als einer der auch österreichischesten Dichter zu begreifen.

So läßt das Leben und Schaffen Franz Molnárs es als eine Verpflichtung erscheinen, daß über ihn eine Monographie in der Reihe dieses Institutes veröffentlicht wird. Aber auch weil Franz Molnár nicht nur dem österreichischen Welttheater angehört, sondern auch jenem Österreich-Ungarn, das auch als ein geistiges Universum integralen Denkens verstanden werden kann. Es ist ein Universum, das danach drängt, in einem Theatrum mundi Gestalt und Bewußtsein zu werden. So lassen Molnárs

Stücke in einer Fülle sprühender, brillanter Einfälle die Phantasie Charme, den Zauber Witz, die Poesie Komödie und die Komödie Poesie werden.

Es ist nun Herrn Professor Georg Kövary zu danken, daß er sich nach vielen Forschungen, auch in Budapest, bereit erklärte, diese Monographie zu schreiben, was naheliegend erscheint, erinnert man sich, daß sein Vater mit Franz Molnár befreundet und der Autor dieses Buches daher mit dem Leben und Schaffen Molnárs sozusagen ab ovo, ab seiner Kindheit vertraut gewesen ist. Selbstverständlich kann die hier vorliegende Monographie nur einen ersten, aber notwendigen Ausgangspunkt und Impakt zu weiteren Publikationen über Franz Molnár bilden. Davon abgesehen aber ist dieses Buch vielleicht auch als ein Beitrag zu der nun eingeleiteten freundschaftlichen Begegnung zwischen Österreich und Ungarn anzusehen. Eine Begegnung, die sozusagen im Organismus jahrhundertealter, oft verbindender Geschichte liegt, die sich auch in seiner Literatur und in seiner Dramatik, das heißt in seinem gerade im Theater gestalteten Bewußtseinsraum, spiegelt.

Kurt Becsi

1. FRANZ MOLNÁRS BEDEUTUNG IM ÖSTERREICHISCHEN THEATER UND IN DER WELTDRAMATIK

„Seine Erfolge erreichten beispiellose Dimensionen. Es gab Zeiten, da in den großen Theaterstädten Europas zugleich drei Stücke von ihm gespielt wurden, und in New York lief einmal eines seiner Stücke zugleich in drei Sprachen. Er war der einzige nichtenglische Autor, dessen Werke in einer englischen Gesamtausgabe erschienen, während er noch am Leben war; der einzige nichtfranzösische, den die Franzosen als ‚Boulevardier' akzeptierten; der einzige ungarische, der nicht wie die andern Vertreter der panmagyarischen Schule ... seine Stücke so schrieb, daß sie für alle Weltsprachen adaptiert werden konnten, sondern er adaptierte die Sprache der Welt für seine Stücke. Er war der geborene Routinier. Sein Griff nach dem Stoff (und wie er den Stoff behandelte) war von nachtwandlerischer Sicherheit, war der Griff eines Könners und Wissers, der Griff einer Meisterhand. Mochte sie mit kaltblütigem Chirurgenmesser die schwierigsten Gewächse und Verschlingungen des Seelenlebens bloßlegen (wobei sie gerade tief genug unter die Oberfläche drang, daß die Operation noch knapp gelingen konnte) — mochte sie die Wirklichkeit mit Schichten und Schleiern überdecken, ein Spiel noch ins Spiel einbauen, ein Zwischenreich aus halbem Tag und halbem Traum sich schaffen —: seine Hand griff niemals daneben. Und es wird niemals festzustellen sein, wann sie vom Hirn aus dirigiert wurde und wann vom Herzen aus, wann es das Hirn war, das sich den souveränen Spaß erlaubte, aus der Vielfalt der von ihm beherrschten Mittel auch etwas Herz hervorzuzaubern, und wann das Herz — in einer leicht genierten Besorgnis, daß es sonst allzu unverhohlen in Erscheinung treten könnte — sich vom Hirn einen schmiegsamen Schuppenpanzer aus Ironie und Detachement anlegen ließ. Jedenfalls blieb es immer spürbar, das Herz."[1]

Diese Zeilen schrieb Friedrich Torberg über seinen Schicksalsgenossen und Lehrmeister in der amerikanischen Emigration, Franz Molnár. Eigentlich sollten wir Ferenc schreiben; so lautete der ursprüngliche Vorname des weltberühmten Bühnenautors. Gerade der oben zitierte Torberg war darauf sehr heikel — in einer Kritik über ein Rattigan-Stück spöttelte er über den britischen Komödienschreiber, dessen „Geistreichtum" ihm offenbar nicht zusagte, dies sei kein Wunder, schließlich hieße er nur Terence und nicht Ferenc. Alle Welt übernahm den ungarischen Rufnamen auf den Theaterzetteln und in den Rezensionen. Allein wir sind dazu nicht verpflichtet. Für uns heißt der Molnár — Franz. Er gehört genauso zur österreichischen Literatur wie eine ganze Reihe von Schriftstellern ungarischer Abstammung, wie Ödön von Horváth, Alfred Polgar, Felix Salten, Kurt Becsi oder György Sebestyén, um nur einige zu nennen.

Molnár wurde in Österreich-Ungarn geboren. Paradoxerweise verband ihn immer mehr mit Österreich, nachdem die Monarchie auseinandergefallen war — seine Verbindung zu Reinhardt, eine wahre Aufführungsflut seiner Bühnenwerke, zuweilen noch vor Budapest! Als Emigrant in den USA übertrug er die deutschsprachigen Übersetzungsrechte seines Lustspiels „Panoptikum" dem Österreicher Friedrich Torberg. Die Welt-Uraufführung fand gleichzeitig in Frankfurt und in Wien statt.

Wenn wir es im literarischen Sinne auffassen, ist es vielleicht keine Übertreibung — und ist es eine, so ist es vielleicht im molnárschen Sinne — zu behaupten, daß Franz Molnárs Geburtsland Ungarn, sein Vaterland Österreich und seine Heimat die ganze Welt ist.

Ein junger Dissertant formuliert, gewiß mit geistigem, zeitlichem und geographischem Abstand, die durch statistische Daten angereicherte Wertung seiner Verdienste folgendermaßen: „Ferenc Molnár hat ein vielseitiges und

---

[1] Friedrich Torberg: „Die Tante Jolesch", Wien.

reichhaltiges Lebenswerk hinterlassen. Während seiner literarischen Laufbahn, die sich auf 54 Jahre erstreckte, schrieb er 41 Theaterstücke, elf Romane, acht Bände Erzählungen, sieben Sammlungen mit journalistischen Arbeiten, darunter zahlreichen Kriegsberichten, und vier Bände mit kurzen Dialogen, Szenen und Skizzen. Er ist der erste ungarische Dramatiker, der über die Grenzen seiner Heimat hinaus berühmt wurde und den theatralischen Erfolg mit dem finanziellen verbinden konnte. Er bahnte den Weg für das ungarische Drama im Ausland, dessen Hauptvertreter in Deutschland Menyhért Lengyel, Lajos Biró, Ferenc Herczeg[2] und vor allem Molnár waren. Er öffnete die Tür zu den amerikanischen Theatern für zahlreiche Dichterkollegen, mit denen er in den zwanziger Jahren den Broadway eroberte. Hollywoods Filmgesellschaften verfilmten fünfundzwanzig seiner Romane und Stücke, wovon drei auch als ‚musical comedies' bearbeitet wurden.

Im Vergleich zum französischen, englischen, deutschen und italienischen Theater steckte das ungarische zur Zeit des Exportdramas noch in den Anfängen. Außer József Katonas ‚Banus Bánk'[3] und Imre Madáchs ‚Die Tragödie des Menschen' gab es im 19. Jahrhundert keine wirklich hervorragenden Werke in der ungarischen Theaterliteratur, was Molnárs Erfolge um so beachtlicher erscheinen läßt."[4]

Derselbe Theaterwissenschaftler, der in Amerika lebende Ungar George L. Nagy, kommt dann auf die deutschsprachigen Aufführungen zu sprechen. Er ist der Meinung, Molnárs Rolle in der Theatergeschichte des deutschen Sprachgebietes würde heutzutage im allgemeinen unterschätzt. Dabei wäre Molnár in deutschsprachi-

---

[2] Im deutschen Sprachraum als Melchior L., Ludwig B. und Franz H. bekannt.

[3] Der gleiche Held heißt bei Grillparzer Bancbanus.

[4] „Ferenc Molnárs Stücke auf der deutschsprachigen Bühne" by George L. Nagy, A Dissertation Submitted to the State University of New York at Albany in Partial Fulfillment of the Requirements for the Degree of Doctor of Philosophy, College of Arts and Sciences Department of German 1978.

gen Ländern Europas öfter inszeniert worden als in seiner Heimat. „Viele Österreicher", meint Nagy in seiner Dissertation, „haben ihn sogar als österreichischen Dichter adoptiert und in ihre Nationalliteratur aufgenommen. Im Wiener Prater ist Liliom heute viel eher zu Hause als im Vergnügungspark von Budapest. Für das Theaterpublikum ist Molnárs Name ein Begriff. Am besten trifft er den Geschmack der Österreicher, die auch seine schwächeren Stücke immer wieder inszenieren und mit dem einem Klassiker gebührenden Beifall aufnehmen. ‚Ein schlechter Molnár ist besser als ein guter moderner Dramatiker' — meint man in Wien."[5]

Da Molnár ausschließlich in ungarischer Sprache schrieb, verdankte er seine ausländischen Erfolge zu einem guten Teil den Übersetzern. Der kongenialste unter ihnen war Alfred Polgar, der Molnárs Werke 35 Jahre lang ins Deutsche übertrug. Im „Liliom" setzte er die ungarische Vorstadtsprache ins Wienerische um. Seine Bearbeitung war so typisch österreichisch, daß sie für die deutsche Bühne umgeschrieben werden mußte.

Dabei sprach Polgar kein Sterbenswörtchen Magyarisch. Dagegen ist festzuhalten, daß Franz Molnár ein zwar altertümliches, aber nicht schlechtes Deutsch sprach, wenn auch mit unverkennbarem Akzent. Friedrich Torberg formuliert es so: „Er sprach das sehr gewählte, ein wenig altmodische Deutsch, das dem ungarischen Bürgertum der einstigen Monarchie eigen war, und sprach es mit dem leisen Singsang, der von der Tonfärbung seiner Muttersprache herkam."[6]

Wegen der großen Fülle des molnárschen Œuvre wird der Verfasser des vorliegenden Buches wohl auf Verständnis stoßen, wenn er vornehmlich die österreichischen Aufführungen und Kritiken registriert und unbedeutendere Molnár-Stücke (wie beispielsweise eines der allerersten Werke des später gefeierten Bühnendichters, „Józsi", daß außer in Budapest nirgends aufgeführt wurde) übergeht.

---

[5] George L. Nagy: „Ferenc Molnárs Stücke auf der deutschsprachigen Bühne."
[6] Friedrich Torberg: „Die Tante Jolesch".

2. JUGEND, ERSTE VERSUCHE

Franz Molnár wurde am 12. Januar 1878 in Budapest geboren. Bis ans Ende seiner Gymnasialjahre hieß er Ferenc Neumann. Die Ungarisierung seines Namens bedeutete nicht, daß er sich seiner jüdischen Abstammung schämte, dahinter steckte vielmehr Patriotismus. Er hatte das Bedürfnis, in der ungarischen Literatur mit ungarischem Namen aufzutreten. *Molnár* bedeutet auf Deutsch *Müller*, und das war der Beruf seines Lieblingsonkels[7].

„Sein Vater, ein vermögender Arzt mit erfolgreicher Praxis, besaß ein dreistöckiges Mietshaus am Josefring 83. Hier wohnte Molnár bis 1895.

Die Josefstadt von Budapest war damals zum größten Teil von städtischen Beamten, wohlhabenden Handwerkern, Kleinhändlern, Lehrern und anderen Vertretern des Kleinbürgertums bewohnt. Hier hatte der Knabe eine erste Gelegenheit, die Sorgen und Nöte des Mittelstandes zu beobachten. Aus dieser Erfahrung schöpfte er die Karikaturen und Satiren, mit denen er später seinen Stand verspottete und verhöhnte.

Der Ärztevater verachtete den Schriftstellerberuf und wollte seinen Sohn zum Rechtsanwalt ausbilden lassen. Die Mutter, geb. Josefa Wallfisch, war hingegen künstlerisch veranlagt, ging gern ins Theater, liebte Musik und Literatur und stand im Ruf, eine gute Gastgeberin zu sein. Der Dichter hat den Sinn für Humor, seine Liebe zum Theater und sein Verständnis für menschliche Schwächen zweifellos von der Mutter geerbt. Vom Vater bekam Molnár Gründlichkeit, Wirtschaftssinn und Ordnungsliebe mit.

Zwei von den vier Kindern der Familie starben noch in den ersten Lebensjahren, Molnárs Schwester Erzsébet [Elisabeth], die den Dichter um zwanzig Jahre überlebte, wurde 1881 geboren. Molnárs Mutter verschied 1898, als sie erst 38 Jahre alt war."[8]

---

[7] S. N. Behrmann, The New Yorker.
[8] George L. Nagy: „Ferenc Molnárs Stücke auf der deutschsprachigen Bühne."

Im Jahre 1925 erschien in einem Sammelband seiner Bühnenstücke eine Kurzautobiographie. „Bin 1878 in Budapest geboren, wurde 1896 Jusstudent in Genf, 1896 Journalist in Budapest, 1897 habe ich eine Novelle geschrieben, 1900 einen Roman, 1902 bin ich zum ersten Mal zu Hause aufgeführt worden, 1907 im Ausland, 1914 bin ich unter die Kriegsberichterstatter gegangen, 1918 zum Stückeschreiber zurückgekehrt; 1918 sind meine Haare grau geworden, 1925... ich wünschte, ich wäre wieder Jusstudent in Genf!"

Zwischen seiner Geburt und dem Genfer Studium überspringt er einiges. Seine ersten fünf Lebensjahre sollen, wie er selbst einem Freund anvertraute, ein „Hiatus" gewesen sein. Anstatt des Volksschulbesuchs gab es Privatlehrer. Mit zehn Jahren kam Molnár ans Gymnasium, wo er ein mittelmäßiger Schüler war. Im Laufe der Schuljahre verbesserte er sich. In der Achten war er bereits Klassenprimus. Die Matura bestand er mit Auszeichnung.

Der literarische Niederschlag seiner Jugenderinnerungen ist der Roman „Die Jungen der Paulstraße", erschienen 1907. Die Pál-utca lag wahrhaftig in unmittelbarer Nähe des Molnár-Domizils. Der im Buch beschriebene „Grund" war tatsächlich der Spielplatz des kleinen Molnár Feri und seiner Kameraden. Das Werk ist einer der schönsten Jugendromane der Weltliteratur. In den Vereinigten Staaten von Amerika wurde er zur schulischen Pflichtlektüre.

Wieso Molnár das Jahr 1896 als Beginn seines Genfer Jusstudiums und gleichzeitig seiner Budapester Journalistenlaufbahn angibt, ist leicht zu erklären: Der Strafrechtler Molnár ergriff die Gelegenheit, den bedeutenden italienischen Psychologen Cesare Lombroso, der sich auch mit Kriminologie befaßte, anläßlich eines Kongresses in Genf kennenzulernen, verfaßte einen Fachbericht darüber und schickte ihn an die Redaktion einer angesehenen Budapester Zeitung. Zehn Tage später konnte er seinen Namen in der Presse gedruckt lesen, und zwar mit der auszeichnenden Bemerkung: „Von unserem Sonderkorrespondenten in Genf".

Neben seinem Studium hatte der vielseitige junge

Mann mehrere Interessen. „Er zeichnete und malte, befaßte sich gerne mit Musik und schrieb den Walzer „Printemps", der bei dem Genfer Verlag Henn auch gedruckt wurde. Doch am liebsten unterhielt er sich über Literatur mit einem älteren Herrn aus Ungarn, der an der Genfer Universität die Geschichte des französischen Romans studierte. Dieser Mann war der 70jährige Peter Heim, pensionierter Direktor der Ungarischen Postverwaltung. Molnárs Vater war sein Hausarzt. Auf Heims Rat begann der junge Molnár französische Gedichte und Novellen zu schreiben. Der ‚gestrenge Herr', wie Molnár ihn nannte, überzeugte ihn von der Überlegenheit der Literatur über alle anderen Künste. Dies gab ihm die letzte Ermutigung zu einem literarischen Beruf."[9]

Nach zwei Semestern in Genf setzte er seine Studien an der Budapester Wissenschaftsuniversität fort. Auf sein Rigorosum soll er sich im Café Centrál vorbereitet haben. (Nicht nur in Wien hieß das populärste literarische Kaffeehaus so...) „Zu jener Zeit gewöhnte er es sich an, im Kaffeehaus zu arbeiten", stellte Behrmann, amerikanischer Dramatiker und späterer Freund, fest, und es darf kaum daran gezweifelt werden, daß seine Informationen von Molnár persönlich stammten. „Dieser Zeitabschnitt fundierte seine Eigenschaft, sich in Cafés am besten auf sein Werk konzentrieren zu können. So konnte es später geschehen, daß sein „Liliom" an den Marmortischen eines lärmenden Lokals geboren wurde, unter Militärmusikbegleitung."[10]

Um seinen gutsituierten Vater finanziell nicht zu belasten, entschloß sich der Herr Student zu einem Nebenverdienst. Die Tageszeitung, bei der er schon als „Sonderkorrespondent" mitgearbeitet hatte, betraute ihn mit Übersetzungen aus französischen Journalen und Zeitschriften. Bald durfte das bis dato unbekannte Talent auch eigenes veröffentlichen. In der Redaktion des liberalen „Budapesti Napló" (Budapester Tagebuch) war der größte

---

[9] George L. Nagy: „Ferenc Molnárs Stücke auf der deutschsprachigen Bühne".
[10] S. N. Behrmann, The New Yorker.

Romancier der ungarischen Literaturgeschichte, der Verfasser des von Johann Strauß vertonten *Zigeunerbaron*, nämlich Maurus Jókai, sein Kollege. Damals war es in Ungarn selbstverständlich, daß die vornehmsten Schriftstellerpersönlichkeiten auch dem Journalistenberuf nachgingen. Der junge Molnár schwärmte für den greisen Dichterfürsten und bewahrte ein Romanmanuskript von ihm ein Leben lang wie eine Reliquie auf. Ein anderer Kollege, der um 15 Jahre ältere, bereits arrivierte Erzähler und Dramatiker Sándor (Alexander) Bródy, nahm ihn unter seine Fittiche; sie wurden die besten Freunde.

Zwei Jahre später unternimmt er wieder eine Reise nach Genf. Darüber berichtet er in seinem autobiographischen Gedenkbuch „Gefährtin im Exil": „Im September 1898 ermordete ein italienischer Anarchist mit Namen Luccheni auf der Uferpromenade in Genf Elisabeth, Kaiserin von Österreich und Königin von Ungarn, indem er ihr eine Feile in die Brust stieß ... Ich war erst ein junger Journalist, als mich das ‚Budapester Napló' nach Genf schickte, um über den Prozeß gegen den Mörder zu berichten."[11]

Der einstige Jusstudent — natürlich hatte Molnár das Studieren längst an den Nagel gehängt — hätte sich gern endgültig in Genf niedergelassen, doch ein „galantes Abenteuer" zwang ihn, der Schweiz den Rücken zu kehren. Seine nächste Station war Paris, wo er zwei Prosawerke beendete.

Nach seiner Heimkehr erschien sein erster Roman in Fortsetzungen in einer Wochenzeitschrift, bald darauf auch in einem vornehmen Verlag („Die hungrige Stadt", bei Révay, 1901).

Franz Molnár hatte bereits zwei erschienene Novellensammlungen sowie zwei verlegte Romane, als er sich endlich dem Theater zuwandte.

---

[11] Franz Molnár: „Gefährtin im Exil", Bad Wörishofen.

3. DIE ZEIT DER JAHRHUNDERTWENDE, MOLNÁRS ANFÄNGE

Die Jahrhundertwende war für das Bürgertum der k. u. k.-Monarchie, insbesondere für jenes der ungarischen Reichshälfte, eine hektische Zeit: 1896 feierte das königliche Ungarn seinen tausendsten Geburtstag. Fürst Árpàd war nämlich 896 über den Karpatenpaß von Verecke in das Land um Donau und Theiß eingedrungen. Aus der Eroberung dieses Gebietes, das bald von den Arpaden als Kern und Schwerpunkt des gesamten Donaugebietes erkannt wurde, erstand Großungarn, das dann von den Türken zerschlagen und nach 1683 von dem Hause Österreich, vor allem unter Prinz Eugen von Savoyen, in weiten Bereichen wiedererobert wurde. Dieser „magyarische Kontinent", eminent durch seine politische und geistige Vitalität bestimmt, wurde nach dem Ausgleich 1867 zu einem sehr national bewußten und aktiven Teil des österreichischen Kaiserreiches, das nun den Staatsbegriff „Österreich-Ungarn" bis zum Zusammenbruch der Monarchie führte. Der verlorene Erste Weltkrieg ließ das frühere Großungarn auseinanderbrechen. Nach der Abtrennung von zwei Dritteln des ehemaligen Gebietes verblieb das sogenannte „Rumpfungarn", ein geographisch-politisch enger Bereich, der aber von schöpferischen Persönlichkeiten geradezu überquoll. Die zahlreichen Talente dieses so sehr der Phantasie und Romantik und Weite zugewandten Volkes schienen kaum Platz zum Atmen zu haben. Wer konnte, brach aus dieser nationalen Enge aus. Selbstverständlich hatte hiezu ein überragendes Talent mehr Möglichkeiten. Auch dieses Moment mochte mit beigetragen haben, daß Molnár zum Kosmopoliten wurde. Ein von ihm nicht geplantes, aber, wie es scheint, ihm bestimmtes Schicksal.

In einer Artikelserie, die in Budapest anläßlich des 100. Geburtstages von Franz Molnár erschien, beleuchtet Tibor Bános die damalige Zeit aus heutiger Sicht: „Im Jahre des Milleneum ist die kapitalistische Unternehmungsfreude jäh in die Höhe geschossen. Budapest lebte im

Rausch einer Schein-Ausgeglichenheit. Jahrtausendausstellung, wochenlange Feierlichkeiten, königliche Visite und andere sehenswürdige Erlebnisse lenkten die Aufmerksamkeit von der traurigen Wirklichkeit ab: von der Armut, der bedrückenden Erbschaft des Feudalismus. Als die Paraden vorbei waren, fing alles von vorne an. Das Elend des Alltags konnte keinerlei Dekoration oder patriotische Phrase zudecken."[12]

Der gleiche Autor konzidiert in derselben Artikelserie dem Budapester Bürgertum einen unerhörten Aufschwung um dieselbe Zeit: „Das bürgerliche Budapest trat aus seinem bisherigen Provinzialismus heraus. Die Tag und Nacht im Lichterglanz strahlenden Kaffeehäuser, in denen das Leben flüssig, pausenlos pulsierte, öffneten ihre Pforten. Tage und Nächte flossen ineinander. Neben dem Kartenspiel gingen von hier die Geschäftsabschlüsse, die Gewerbezweige der aufstrebenden Unterhaltungsindustrie (Kino, Theater) und etliche andere Unternehmen aus. Die Menschen hetzten nach Geld und Vergnügen. Den ‚Abdruck' dieser Hauptstadt auf dem Wege zur Metropole verkörperten die jungen Journalisten, unter ihnen auch Franz Molnár."[13]

„Auch" ist untertrieben — *vor allem* Franz Molnár! Er war der geborene (oder sich selbst dazu erzogene?) Bohemien. Seine Schwester Erzsébet berichtet über diese Ära seiner Anfänge. Vorerst kommt er regelmäßig nach Mitternacht zu Hause an und geht wieder am nächsten Mittag. „Herr Skakespeare!" spöttelte der Vater mit ihm. Weiters erkundigte sich der gestrenge Bürgerarzt, diesen neumodischen Gepflogenheiten völlig abgeneigt, auf den Dichterfürsten und Paradedramatiker der zeitgenössischen Elite-Literatur in der ungarischen Reichshälfte anspielend: „Guten Morgen, Herr Schriftsteller; kommt Franz Herczeg auch morgens heim?" Später wartet man vergebens auf ihn[14].

Wo er seine Tage und Nächte verbrachte? Meistens in

---

[12] Tibor Bános: „Évforduló", Magyarország, 1977/52.
[13] Ebenda.
[14] Erzsébet Molnár: „Testvérek voltunk".

den Redaktionen und Kaffeehäusern oder im *Otthon-Kreis*, einem Künstlerklub, wo er sich angezogen ein paar Stunden Schlaf gönnte. Doch oftmals nahm er seine Journalisten-Freikarte in Anspruch und ruhte sich nach seinen Mühseligkeiten im Schlafwagen des Schnellzuges Budapest—Wien bis Preßburg aus; am Morgen kam er von dort wieder zurück.

Später, als „Theatermensch", suchte er im Vigszinház (Lustspieltheater, sein Stammhaus) auf der dunklen Bühne Zuflucht für ein bis zwei Stunden, und dann döste er ein wenig in dem großen Messingbett, das in jenen Jahren für den französischen Schwank bereitstand. Als Jüngling schien er eine eiserne Konstitution zu haben — zwei bis drei Stunden Schlaf genügten ihm.

Er schloß sich nie irgendeiner schriftstellerischen Gruppierung an. Im Gegenteil — die anderen scharten sich um ihn. Nach seinem ersten Welterfolg („Der Teufel") eröffnete das legendäre Budapester literarische Café „New York". Bei dieser Gelegenheit überreichte der Eigentümer den Schlüssel des Etablissements Franz Molnár, der an der Spitze einer Delegation zum Donauufer schritt und den Schlüssel in den Fluten versenkte. Dies tat er zum Zeichen dafür, daß das „New York" niemals geschlossen werden würde. Heute würden wir es „nonstop" nennen. So scheint es verständlich, daß Molnár viele Stücke während der Nacht im Café New York geschrieben hat. In den ersten Zeiten nach der Annahme dieser Gewohnheit machte er sich nichts daraus, daß die Leute es für eine Marotte hielten; als er erfuhr, daß Henrik Ibsen auch im Kaffeehaus gearbeitet hatte, fühlte er sich gerechtfertigt.

Er war gleichzeitig ein geselliger Mensch und ein Einzelgänger. Dies ist gar nicht so paradox wie es klingt. Er war nicht in einer Gruppe gesellig, sondern als deren Oberhaupt. Seinen Kreis im New York nannte man „Die Molnár-Bande". Diese Tuchfühlung mit Gleichgesinnten, mit der näheren und weiteren Umgebung, mit der ganzen Stadt brauchte er als Inspiration zu seinem Schreiben. Er lernte Charaktere kennen, die er mit seiner äußerst scharfen Beobachtungsgabe und seiner einzigartigen

Transformationsfähigkeit zu künstlerisch-literarisch erhobenen Gestalten sublimierte. Er hörte, erlebte und kreierte Anekdoten, auf die er seine Stücke baute. Ohne die Menschen um sich wäre ihm dies nicht möglich gewesen.

Als Schriftsteller blieb er jedoch ein Einsamer. Sogar mit dem Idol seiner Jugend, Sándor Bródy, brach er. Er hatte bald eine entschiedene Meinung über alles, er glaubte, ohne Ratschläge auszukommen. Er brauchte keine Muster in der Literatur, glaubte er.

Selbstverständlich besitzt auch er Vorläufer, in deren Linie Molnárs eigenes Schaffen zu sehen ist, wie bedeutende Persönlichkeiten der Literatur seiner Zeit.

Blickt man in das geschichtliche Universum der ungarischen Literatur zurück, so stößt man auf György Bessenyei (1740—1811), der als Lessing der ungarischen Literatur bezeichnet wurde. Er schrieb nicht nur Tragödien, sondern auch das erste ungarische Lustspiel „Der Philosoph"). So spannt sich von ihm aus gleichsam der Bogen zu Molnár, unter dem die Komödie eine bisher nie erreichte Blüte erlangte. Ein Bogen spannt sich so zwischen Bessenyei, Offizier in der Leibgarde der Kaiserin Maria Theresia, der viele Jahre in Wien gelebt hat, und Molnár, der dieser Stadt ebenfalls verfallen war.

George L. Nagy bezeichnet jedoch als den eigentlichen literarischen Vorläufer Molnárs Károly Kisfaludy (1788—1830), der zum Begründer des ungarischen Lustspiels wurde. Vorläufer und Nachfahre stimmen sogar in solch einem Detail überein, daß beide gern im Kaffeehaus gearbeitet haben. Ede Szigligeti (1814—1878) und Gergely Csiky (1842—1891) dürften auch einen großen Einfluß auf Molnár ausgeübt haben; sie haben sich für die Modernisierung und technische Perfektion des Theaters eingesetzt.

Hinzu kam der Einfluß ausländischer, vor allem französischer Autoren. Molnár kannte Sardou, Scribe und Dumas, doch machten jene Boulevardiers, deren Konversationsstücke, Liebesdreieck-Komödien und Schwänke er von der Jahrhundertwende an regelmäßig übersetzte, den größten Eindruck auf ihn. Diese waren das Autorenpaar

Flers - Caillavet, ferner Maurice Hennequin. „Von den Franzosen lernte er die unterhaltsame Dialogführung, den geistvollen und gepflegten Witz sowie die Bedeutung unerwarteter Pointen und Wendungen."[15]

Wichtig wurden für Molnár auch Stücke der englischen Literatur, so von Oscar Wilde und auch von George Bernhard Shaw.

Überraschenderweise aber hält Nagy die Einwirkung der deutschen Literatur auf Molnárs dramatisches Schaffen für noch wichtiger. „Ohne Gerhart Hauptmanns ‚Hanneles Himmelfahrt' könnte man sich z. B. Liliums Himmelfahrt kaum vorstellen. Von Arthur Schnitzler hat Molnár die Verschmelzung von Traum und Wirklichkeit, Wahrheit und Lüge übernommen. Schnitzlers sensationelle Szenenfolge ‚Reigen' (1900) lenkte Molnárs Aufmerksamkeit auf den Menschen als Triebwesen. Die frühen Stücke ‚Der Teufel', ‚Liliom', ‚Der Leibgardist' und ‚Das Märchen vom Wolf' stehen unter Schnitzlers Einfluß. Schnitzlers Einakterzyklus ‚Komödie der Worte' (1915) ist in diesem Zusammenhang ebenso zu erwähnen, weil er mit seinem Motto ‚Worte lügen' Molnárs ‚Theater' (1921) angeregt hatte."[16]

Sándor von Ujváry vergleicht Franz Molnár in seinem Buch „Der lachende Magier" mit Molière. Dann fügt er hinzu: „Er wollte aber gar nicht mit Moliére und Shaw wetteifern, sondern mit Oscar Wilde, Schnitzler und Bernstein, in Ungarn mit Franz Herczeg. Hätte er mit seiner Begabung bessere Konkurrenten wählen sollen? Wir dürfen sie keinesfalls unterschätzen. Oscar Wilde steht auf einer hohen Stufe der Weltliteratur, sein Einfluß auf Shaw ist nicht zu leugnen. Der Wiener Arthur Schnitzler, der feine Psychologe, verfaßte meisterhafte Dialoge und galt zu Anfang des 20. Jahrhunderts als Bahnbrecher der modernen bürgerlichen Literatur. Neben ihm erscheint Henri Bernstein als gewandter Handwerker mit vorzügli-

---

[15] George L. Nagy: „Ferenc Molnárs Stücke auf der deutschsprachigen Bühne".
[16] George L. Nagy: „Ferenc Molnárs Stücke auf der deutschsprachigen Bühne".

cher Bühnentechnik, doch auch bei ihm treten die Widersprüche der französischen Bourgeoisie zutage. Der Ungar Franz Herczeg war ein begabter Schriftsteller; in der Welt der Gentry eingesponnen, war ihm eine gewisse soziale und moralische Betrachtung doch nicht abzusprechen. Vielleicht hinderte ihn nur seine politische Einstellung, sich offen an die Spitze einer fortschrittlichen Richtung zu stellen."[17]

Wie ist Molnár nun konkret zum Theaterstückeschreiben gekommen?

Aus einem seiner zahlreich verfaßten Lebensläufe wissen wir, daß er bereits 1891, also 13jährig, mit einem Freund eine „Theatergesellschaft" gegründet hatte, die sich mit Puppenspielen befaßte. Bei den Aufführungen, die von Nachbarkindern besucht wurden, gebrauchten die beiden Gesellschafter Papierfiguren und später richtige Puppen. Der Dialog bestand aus kurzen Erklärungen und Ausrufen, die von den beiden Jungen verfaßt und gesprochen wurden. Aus dieser Zeit stammt Molnárs erstes Bühnenwerk „Die blaue Höhle". Die Handlung bestand aus einem Tanz, der in einem geheimnisvollen blauen Licht aufgeführt wurde.

N. S. Behrmann allerdings teilt nach Angaben Molnárs mit, das Stück hätte von einem Alchimisten gehandelt und als Requisiten wären die aus der Ordination des Vaters entwendeten Arzneifläschchen benützt worden. Der Text soll revolutionär mutig gewesen sein, denn die Vorstellung hätte mit einer allgemeinen Schlägerei der Zuschauer geendet[18].

Der erwachsene Molnár nahm seine ersten Theaterkontakte als Übersetzer auf. Das renommierte Vigszinház, Paradebühne des Bürgertums, setzte 1901 ein französisches Boulevardstück in seiner Übertragung auf das Programm.

Ein Jahr später, 1902, begann seine Karriere als Dramatiker.

---

[17] Sándor von Ujváry: „Ferenc Molnár, der lachende Magier", Vaduz.

[18] N. S. Behrmann, The New Yorker.

4. „DER HERR VERTEIDIGER"

Nachdem sein Name nicht nur in Gazetten und auf Buchdeckeln, sondern nunmehr auch auf Plakaten erschienen war, entdeckte Franz Molnár endgültig und unwiderruflich seine Liebe zum Theater. Er beschloß, sich nicht mit dem Rang eines Übersetzers zu begnügen, sondern vielmehr selbst ein Stück zu schreiben.

Um diese Zeit war sein ehemaliger Journalistenkollege László Beöthy Direktor des Nationaltheaters. Beöthy gab ihm den ersten Auftrag seines Lebens, ein Stück zu schreiben. Obendrein erhielt der junge Autor in spe 200 Kronen Vorschuß. Eine hübsche Summe, bedenkt man, daß Molnárs Monatsgehalt als Zeitungsschreiber 100 Kronen betrug!

Er machte sich an die Arbeit, und zwar im geheimen, ohne genaue „Liefertermine" auszumachen. Als er mit seinem ersten Stück fertig war, hieß der Direktor des Nationaltheaters nicht mehr Beöthy. Ein Skandal hatte ihn hinweggefegt. Der Wechsel brachte Molnár nicht in Verlegenheit. Er eilte mit seinem Manuskript zu Gyula Komor, dem Dramaturgen und Sekretär des Vigszinház. Komor erzählte später: „Es erschien bei mir ein junger Mann mit dichten schwarzen Haaren. Er war überlegen, von sicherem Auftritt, er war sich seiner Werte bewußt. Dabei war ihm meine Entscheidung nicht einmal dringend, er kam ja aus einer wohlhabenden Familie, er brauchte das Geld nicht zum Leben."

Komor fand Gefallen an dem Stück, Direktor Gábor Faludi nahm es an. Am nächsten Tag hielt man bereits eine Probe ab.

„Dies ist ein Beweis dafür, daß nicht nur Ferenc Molnár auf das Vigszinház angewiesen war, sondern auch das Theater auf ihn! So bedeutete ‚Der Herr Verteidiger', über das In-Erscheinung-Treten eines jungen Dramatikers hinaus, auch die Kontaktaufnahme zwischen dem Vigszinház und den ungarischen Schriftstellern überhaupt. Dies war der Anfang. Bis dahin war nämlich dieses Theater, von einigen Ausnahmen abgesehen, ausschließlich auf ausländische, in erster Linie französische Schwänke programmiert. Franz Molnár war der erste, der diese Serie unterbrach. Sein Erfolg ermutigte die Leiter des Lustspieltheaters, daheim nach neuen Autoren und Stücken zu suchen."[19]

Wir wollen diese kaum beachtete Tatsache unter Molnárs theatergeschichtlichen Verdiensten besonders hervorheben: Er hat nicht nur den Zugang zu den ausländischen Bühnen für seine Landsleute geöffnet, sondern auch den zu den heimischen Brettern!

„Der Herr Verteidiger", die Visitenkarte des 24jährigen Franz Molnár, wurde mit Interesse und Sympathien aufgenommen. Dazu trug sehr viel bei, daß das Publikum nach den zahllosen im französischen Milieu spielenden Farcen eine Budapester bürgerliche Wohnung zu sehen bekam, in der sich Ungarn bewegten und von ihren Problemen sprachen, die den Zuschauern vertraut waren. Natürlich trugen alle Personen der Handlung urwüchsige magyarische Namen. Alfred Halm, der deutschsprachige Bearbeiter, verlegte dann die Handlung nach Amerika und gab den Helden englische Namen. Die wollen wir nun bei der Inhaltsangabe verwenden.

Der Rechtsanwalt George Parker ist durch die mehrmalige sensationelle Verteidigung des Berufseinbrechers Tim Boots berühmt geworden. Boots hinterläßt ihm immer einige klug ausgedachte Indizien, die die Verteidigung erleichtern. Parker kommt nach seinem neuesten Triumph nach Hause und beschimpft seine Frau Maud, weil sie den Detektiv Wright ins Haus eingelassen hat. Dann erscheint Boots, der seit seiner Jugend selbst in Maud verliebt ist. Parker enthüllt ihm seinen Plan: er wolle sich während der Nacht verhaften lassen, um seinen Ruhm zu vergrößern und das Justizsystem lächerlich zu machen. Abends um zehn Uhr, nachdem beide Männer fort sind, erscheint Detektiv Wright unter dem Vorwand, er hätte wichtige Akten mitgebracht, die bei Parkers Untersuchungen behilflich sein könnten. Während Maud die Papiere ansieht, bricht Boots im benachtbarten Studierzimmer Parkers Tresor

---

[19] Tibor Bános: „Évforduló", Magyarország 1978/2.

Der Herr Verteidiger 31

auf. Tief bewegt liest er Parkers Testament, in dem er selbst als Begünstigter aufscheint. Da ertappt ihn Wright. Aber die Freude des Detektivs über den guten Fang ist kurzlebig, denn Boots bezichtigt ihn des Ehebruchs mit Maud. Vorsichtshalber entfernt sich Wright, schickt aber zwei Polizisten, um Boots zu verhaften. Boots hat sich jedoch Parkers Frack angezogen, läßt den unerwartet nach Hause kommenden Rechtsanwalt verhaften und geht selbst zu einem Treffen mit Parkers ehemaligen Schulkameraden. Während er allgemein für Parker gehalten wird, stiehlt er den Anwesenden ihre Taschenuhren und andere Wertsachen. Am nächsten Morgen wird der wütende Parker freigelassen. Seine Mitschüler und Professoren treten auf und fordern die gestohlenen Gegenstände zurück. Boots kann ihnen nur noch die Pfandscheine rückerstatten. Parker beschuldigt Wright, er habe ihn einsperren lassen, um mit Maud unbehelligt allein sein zu können. Schließlich klärt Boots alle Mißverständnisse auf und verabschiedet sich: der Präsident der Republik Santa Rosa hat ihn zum Staatssekretär im Justizministerium ernannt.

Die Kritiken nach der Premiere am 28. November 1902 sind wohlwollend bis enthusiastisch. Pars pro toto die Rezension der Fövárosi Lapok (Hauptstädtische Blätter): „Franz Molnárs Stück, Der Herr Verteidiger, ist dank der vorausgeschickten Nachrichten zu einer Art literarischer Sensation angewachsen, und das Publikum sah der Aufführung mit Interesse entgegen. Franz Molnár hat sich, obwohl noch ganz jung, einen Namen geschaffen, für den er von jedermann beneidet werden kann... Die Stärke seines heutigen Stückes ist der geistreiche Dialog, den er hie und da mit Wortspielen verdirbt, welche zu Kaffeehaustischen passen. Wenn er reifer, ruhiger, systhematischer wird, gewinnen wir in ihm einen Schriftsteller, auf den wir zurecht stolz sein werden können. Wir wünschen im Interesse unserer armseligen Komödienliteratur, daß Ferenc Molnár der heutige Erfolg nicht zu Kopf steigen und er weiterhin so arbeiten möge, als ob er die Sympathien des Publikums von Abend zu Abend neu erringen müßte."[20]

---
[20] Fövárosi Lapok, 1902.

Die deutschsprachige Erstaufführung trägt das Datum 16. Jänner 1910. Ort der Vorstellung: das Stadttheater Czernowitz. Einen Monat später gibt es eine Inszenierung im Berliner Schauspielhaus mit beachtlichem Erfolg. Rudolf Lothar notiert in seinem „Berliner Tagebuch": „Ei, sagten die Berliner, wie sonderbar! Dieser Ungar hat Geist. Der benimmt sich wie ein Franzose. Der könnte ein Vetter von Wilde und Shaw sein."[21]

Zur Aufführung in den Münchner Kammerspielen am 17. August 1919 äußerte sich die Kritik viel schärfer. In einer Zeitung erschien anstelle einer Rezension — eine Parodie auf Molnárs und Halms Arbeitsmethode bei der Verfassung des Lustspiels: „Gut, sagt der zweite und zieht sein Notizbuch, ich habe hier die Witze der letzten zwei Monate. Es sind sechshundertfünfzig. Die müssen alle hinein, wenn die Sache stehen soll. Schön, beschwichtigt der erste, wird gemacht! — und (der zweite ist mit einem Mal sehr hartnäckig) wie steht's mit dem Gefühl im allgemeinen? Der Dieb muß ein sympathischer Kerl sein, versteht sich. Er muß einen Schuß Sentimentalität in den Busen gespritzt bekommen... Man könnte ihn vielleicht alle Augenblicke sagen lassen: ‚Ich bin vielleicht ein Genie, aber kein Lump!'"[22]

Die Kritik beanstandete weiterhin den schwachen ersten Akt, die Unglaubwürdigkeit der Handlung, die Belanglosigkeit des Stückes für die zeitgenössischen gesellschaftlichen Verhältnisse und die „gequälte Macher-Routine", mit der das Ganze zusammengebastelt wurde. „Der Herr Verteidiger" erhebe keinen Anspruch auf literarischen Wert, weil der Verfasser sich keine höheren ästhetischen Ziele gesetzt habe. Die Motivierung der Handlung sei so schwach wie die ganze Logik der Geschehnisse[23].

Am 4. Jänner 1923 wurde das Stück als Vorstellung des Volkstheaters im Akademietheater in Wien aufgeführt. Obwohl das Stück amüsierte, hatte die Kritik am „frühen" Molnár auch hier einiges auszusetzen: „Später form-

---

[21] Rudolf Lothar: „Berliner Tagebuch", 1910.
[22] Münchener Zeitung, 18. August 1919.
[23] Ebenda, zitiert von George L. Nagy.

te er Menschen, freilich immer gesehen durch ein Theatertemperament: hier sind es nur Rollen, Schemen, Masken."[24]

Anläßlich der letzten Wiener Aufführungsserie in der Reihe „Volkstheater in den Außenbezirken" (1981) hielt sich der Erfolg in Grenzen.

Nicht selbstverständlich, doch verständlich ist es, daß Franz Molnár sein Bühnendebüt noch nicht zum großen Wurf geriet. Nichtsdestoweniger ist „Der Herr Verteidiger" im heutigen Ungarn seit dem Zweiten Weltkrieg das meistgespielte Molnár-Stück.

Die Filmrechte verkaufte Molnár 1946, schon in seinem amerikanischen Exil, an Hollywood.

5. ERSTE EHE UND „DER TEUFEL"

Blutjung und schon berühmt, aber arm — diese Konstellation seiner Schicksalssterne war dem aufstrebenden und ungewöhnlich schnell anerkannten Molnár beschieden. Er lebte das Leben der Bohéme, ständig über seine Verhältnisse, in Schulden verstrickt; von seinem wohlhabenden Vater wollte der stolze Jüngling kein Geld annehmen. Langer Rede kurzer Sinn: er war außerstande, den Vorschuß, den er von Beöthy erhalten hatte, dem Nationaltheater zurückzuzahlen. Er löste die prekäre Situation, indem er für das Nationaltheater ein neues französisches Bühnenstück übersetzte. Damit betrachtete Molnár die Rechnung seinerseits als beglichen. Nicht so die neue Direktion des Theaters. Sie war nicht zufrieden. Franz Molnárs Stücke wurden an diesem wohl anerkanntesten Theater Ungarns 14 Jahre lang nicht aufgeführt.

Im Mai 1906 heiratete er die Tochter seines Chefs, Margit Vészi. Die um sieben Jahre jüngere Frau muß von ihrem Vater, dem Chefredakteur József Vészi, eine überdurchschnittliche geistige Begabung geerbt haben: sie entwickelte sich später zu einer namhaften Schriftstelle-

---

[24] Neue Freie Presse, Wien, 1923.

rin. Das junge Paar richtete sich im Stadtwäldchen, dem Schauplatz des „Liliom", eine Mietwohnung ein. Ihr Glück währte jedoch nicht lange — die Eheleute trennten sich noch im selben Jahr, obwohl Margit bereits ein Kind erwartete. Molnárs einziges Kind, Martha, wurde 1907 geboren. (Ihr Sohn, Molnárs Enkel, der Adam Horváth heißt, ist heute Oberspielleiter des Ungarischen Fernsehens.)

Privates Glück und berufliche Sternstunden waren in seinem Leben kaum jemals „synchron". Zur Zeit der Trennung von seiner ersten Frau hatte er bereits in drei Sparten Popularität erlangt: er war das, was man heute einen „Starpublizisten" nennen würde. Nach seinem zweiten aufgeführten Schwank („Józsi", Vigszinház, 1904) hatte er seinen Ruhm als Bühnenautor gefestigt, der Jugendroman „Die Jungen der Paulstraße" war schon erschienen; jenes Buch, das der unumstrittenste Erfolg seiner gesamten Laufbahn werden sollte. Nebst mehreren Verfilmungen wurde diese literarisch äußerst wertvolle Geschichte auch für die Bühne bearbeitet. Für eine Dramatisierung zeichnete Sándor Hevesi, Theaterwissenschaftler und eine Zeitlang sogar Direktor des Nationaltheaters. Eine zweite stammt von Sándor Török.

Mittlerweile wurden vier weitere Übersetzungen von ihm gespielt, doch diese Arbeiten betrachtete Molnár mehr oder weniger als Routine.

„Die Bühne erwies sich auch für ihn als harte Nuß", schreibt Tibor Bános, „es fiel ihm schwer, sie aufzubrechen. Er fühlte, er stand am Scheideweg: entweder er findet seinen eigenen Ton und Stil, oder er setzt den einfacheren, aber phantasieloseren Weg des Kopierens, ‚Budapestisierens' von ausländischen Stücken fort."[25]

Der Winter 1906/07 war besonders streng. Jetzt, da er sozusagen wieder Junggeselle war, fiel es ihm leicht, sich wieder einmal ins Kleine Hotel einzumieten, das neben dem Grand Hotel auf der romantischen Margaretheninsel stand. Er wollte dort zu dritt — die beiden Gefährten waren der „väterliche Freund" Sándor Bródy und der

---

[25] Tibor Bános: Évforduló, 1978/2.

Journalist László Fényes — ein paar angenehme Tage verbringen und ausspannen. Doch das Wetter machte ihnen einen Strich durch die Rechnung; die Kälte und vor allem das starke Schneegestöber schnitt sie von der Stadt ab. Aus ein paar Tagen wurden einige Wochen, aus dem fröhlichen Treiben Wintergefangenschaft. „Dort lebten wir eingeschneit und — wir mußten wohl oder übel arbeiten!", erzählte später Franz Molnár. „Es gab keine Fiaker, keine Pferdebahn. Damals schrieb ich den ‚Teufel'. Oftmals kritzelte ich bis neun Uhr morgens, im Wintermantel. Wenn ich vier bis fünf Seiten fertig hatte, klopfte ich an die Wand und rief Fényes herüber. Er war das Opfer, ihm habe ich das Stück in Raten vorgelesen."

Wie es dann zur Vorstellung kam, wissen wir auch aus Aufzeichnungen, die Molnárs eigene Worte festgehalten haben: „In den ersten Märztagen hatte ich mein Stück beendet. Es war ein herrliches Wetter, ich schritt glückselig über die im Frühjahrskleid prangende Margareteninsel, unter dem Arm das Manuskript, geradewegs zu Miklós Faludi, dem damaligen Dramaturg-Direktor des Vigszinház. Es war Sonntag. Im Direktionsbüro wurde Faludi eben rasiert. Während man ihn einseifte, nahm er die Handschrift in seine Linke und begann zu lesen. Ich saß auf einer Couch und wartete. Faludi war längst glattrasiert, doch er saß noch immer da und las mein Stück. Als er es fertig gelesen hatte, erklärte er, er sei bereit, es sofort aufzuführen. Dies spielte sich im März, am Ende der Saison ab. Die meisten Autoren hätten bei dieser Gelegenheit protestiert, jetzt aufgeführt zu werden. Ich habe inmitten meiner schrecklichen Geldverlegenheit, im Hinblick auf meine sich ständig häufenden Schulden eingewilligt. Am 10. April war die Premiere."

Dieses Bühnenstück, das dritte in seinem Leben, ist zweifellos ein Wendepunkt in Franz Molnárs Schaffen. Nicht der entscheidende; der wird erst „Liliom" sein, aber in diesem Werk taucht er zum ersten Mal tiefer unter die Oberfläche. Während in seinen ersten beiden Stücken alles äußerlich blieb, wenn auch mit einem Reichtum an Geist — eben an molnárschem Esprit — durchtränkt, werden hier Abgründe der Seelen von Mann und Frau ausgelotet, psychologische Studien betrieben, Erotik knistert, daß es einem die Kehle zuschnürt, und dabei läuft ein Minimum an Handlung:

Vor sechs Jahren waren der arme Künstler Hans und das noch ärmere Schulmädchen Jolantha ineinander verliebt. Hans unterrichtete Alfred, den Sohn eines Millionärs, im Zeichnen, und Jolantha war die Spielgefährtin von Alfreds Schwestern. Eines Tages hatte Alfred um Jolanthas Hand angehalten und sie gab ihm ihr Jawort. Aus Hans wurde bald ein berühmter und wohlsituierter Maler.

Am Stückbeginn kommt Jolantha auf Alfreds Wunsch zu Hans in dessen Atelier, um sich malen zu lassen. Beide erinnern sich an die glücklich-unbeschwerte Jugendzeit und versuchen vergeblich, ihre Gefühle zu unterdrükken. In Gestalt eines gutgekleideten, glänzend aussehenden Herrn von etwa 35 Jahren erscheint der Teufel. Er bemüht sich, die noch vorhandenen Hemmungen der Liebenden zu beseitigen. Er spricht die Gedanken und Gefühle ihres Unterbewußtseins aus. Sie wehren sich dagegen, aber nur, um die Scheinmoral des Bürgers zu wahren. Der Teufel läßt sich am gleichen Abend von Jolantha zu einer Soiree einladen, wo er seinen Überredungskünsten weiterhin freien Lauf läßt. Hans gesteht Jolantha seine Liebe — sie tarnt ihre Ratlosigkeit durch Entrüstung. Hans faßt nunmehr den Entschluß, ein Mädchen, das ihn liebt, zu heiraten. Dieses Vorhaben muß natürlich Jolanthas Eifersucht hervorrufen. Der Teufel diktiert ihr einen Liebesbrief an Hans und täuscht vor, ihn zugestellt zu haben. Am nächsten Morgen erscheint Jolantha in Hans' Studio. Sie ist überzeugt davon, daß der Brief in seinem Besitz sei. Sie wiederholt mündlich ihr Liebesbekenntnis. Jetzt stellt sich erst heraus, daß der Teufel das Schreiben gar nicht überreicht hat. Er entschuldigt sich und holt den Brief hervor. Dieser wird jedoch auf Jolanthas Wunsch verbrannt. Doch Jolantha bereut auf der Stelle ihr Entscheidung. Da taucht der Teufel wieder auf und stellt klar, daß das verbrannte Stück Papier nur eine Rechnung gewesen sei und übergibt Hans den echten Brief. Während das verliebte Paar im Atelier verschwindet, grinst der Teufel ins Publikum und sagt ironisch: „Voilá".

Wie gesagt, ein Nichts an Handlung. Das „Was" ist hier unerheblich, das „Wie" regiert das Stück. Präziser ausgedrückt: das molnársche „gewußt wie".

Die knisternde Erotik — man bedenke: im Jahre 1907! — mußte auf der Bühne geradezu revolutionär anmuten. Die Spannung hielt das Publikum durch die espritgetränkte Dialogführung bis zum Schluß in Atem. Spätestens von der Stelle an, wo der Teufel erschien. Er saß anfangs unbemerkt in einem Lehnstuhl und trat erst in Erscheinung, als Jolantha sich im Atelier des Malers auszuziehen begann.

Der erste Auftritt des Teufels sei hier zitiert:

Der Teufel: Pardon, da ist etwas heruntergefallen. (Hebt die Bluse auf und reicht sie ihr mit einer artigen Verbeugung. Jolantha blickt voll Schrecken den Teufel an und nimmt mechanisch die Bluse.)
Der Teufel: Ich bitte um Entschuldigung... ich kam vom Linh... Hans war nicht zu Hause... ich wartete hier... da hat mich der Schlaf übermannt. Ich bin untröstlich, Gnädigste, meine Augen gerade vor einer Situation geöffnet zu haben, vor der ich anstandshalber mindestens ein Auge hätte zudrücken müssen.
Jolantha: (entsetzt und zugleich entrüstet) Mein Herr!
Der Teufel: (kalt) Ich verstehe meine Gnädige. Das ist eine Verdächtigung. Sie sind ja bloß hierhergekommen...
Jolantha: ... um mein Porträt malen zu lassen.
Der Teufel: Ich habe einmal eine Dame bei einem Zahnarzt überrascht. Auch sie wies meine Verdächtigung mit Entrüstung zurück und ließ sich zu ihrer Ehrenrettung sogar einen gesunden Zahn nehmen.
Jolantha: Aber ich...
Der Teufel: (liebenswürdig) Oh, ich weiß, daß Sie die Wahrheit reden. Es steht mir sogar frei, daran zu glauben, obschon Ihre Wahrheit nicht ganz stilgemäß ist... sie sollte nackt sein... ist aber nur halbnackt.

In einer Studie, 1916 in Budapest erschienen, wird Molnárs Zauberkunststück anhand dieses Werkes folgendermaßen analysiert: „Wie er das Stück konzipiert hat, ist, vom Standpunkt der Bühne, das Unglück schlechthin, und wie er es ausgeführt hat, ist, wiederum vom Standpunkt der Bühne, die Wirkung gebietende Sicherheit schlechthin. Er hat aus dem Geschehen alles eliminiert, was dem Bühnenleben dient und hat nichts anderes belassen als was auf der Bühne am undankbarsten ist: eine Psychoanalyse. Vom Märchen läßt er kaum mehr übrig als das erste und das letzte Glied, und das letzte Glied der Kette und was dazwischenfällt ergänzt er durch psychologische Demonstration: er zeigt den inneren Zwist der Frau, wie sie den Ehebruch vermeiden möchte, und den des Mannes, wie er sich gegen die Verführung der Frau seines Freundes stemmt. Statt Handlung bekommen wir gleichsam die Monologe zweier Seelen, das Drama neigt zu schierer Abstraktion. Und dennoch entspringt der Bühnenunwirksamkeit des Objektes in der Ausführung ein Füllhorn an Bühneneffekten, die Psychoanalyse erleben wir in Form von ständiger Bewegung, und das Lebensfremde quillt vor Lebensfülle über. Während die meisten die alltäglichen Lustspiele mittels Verfälschung der Wahrheit der handelnden Personen aufbauen, ist es ihm gelungen, eine besonders mutige Komposition mit Figuren zu bevölkern, die der Wirklichkeit des Lebens voll sind."[26]

„Der Teufel" erreichte bis Saisonschluß 28 Vorstellungen. Danach wäre das Stück vielleicht in der Versenkung verschwunden, wenn nicht ein unerwartetes Ereignis dazwischengekommen wäre. Ermete Zacconi, der berühmteste Schauspieler seiner Zeit, der italienische Kainz, gastierte gerade mit seinem Ensemble in der ungarischen Hauptstadt. An einem freien Abend setzte er sich ins Lustspieltheater, um sich ein Bild davon zu machen, wie die Kollegen in diesem Land so Theater spielen. Molnárs Produktion nahm ihn sofort gefangen. Noch am selben Abend hielt man Ausschau nach einem Übersetzer. Es wurde in der Eile nur ein Französisch-Dolmetsch gefunden. Die italienische Übertragung des Stückes besorgte dann Zacconi selber. Zum Jahresanfang 1908 fand die Premiere mit Zacconi in Turin statt.

---

[26] Ernö Salgó: Irók és szindarabok", Budapest 1916.

Molnár war auch dabei. Seine Schwester berichtet in ihrem Buch über den großen Bruder, er habe Pfiffe während seiner Verbeugung auf der Bühne gehört. Totenblaß taumelte er hinter die Kulissen, überzeugt davon, daß er durchgefallen sei. Erst Zacconi klärte ihn auf, daß die pfeifenden Geräusche von dem wieder einmal nicht geölten Rad stammten, das den Vorhang aufzog und niedergehen ließ[27].

Schon im selben Jahr lief das Stück auf den Bühnen von Wien, Berlin, Warschau und New York, wo es nicht nur ein „Hit", sondern ein wahrer „Boom" geworden ist. Nachdem am 18. August 1908 das Garden Theatre und das Belasco Theatre in zwei verschiedenen Bearbeitungen gleichzeitig Erstaufführung feierten, kam es in den nächsten Monaten zu mindestens 30 (!) Inszenierungen verschiedener Theaterunternehmen in Amerika. Zacconi spielte die Titelrolle mit kurzen Unterbrechungen 30 Jahre lang immer wieder.

Im Deutschen Volkstheater in Wien erntete die deutschsprachige Erstaufführung mit Leopold Kramer als Teufel am 5. Februar 1908 einen gewaltigen Erfolg. In der nächsten Saison wurde das Stück in mehr als 40 Städten des deutschen Sprachgebietes, einschließlich Zürich und Bern, aufgeführt.

Am 25. März 1908 erreichte das Stück auch Berlin. Albert Bassermann spielte den Teufel im Lessingtheater. Die Kritik war überwiegend positiv, das Erotische war jedoch für das deutsche Publikum zu gewagt. Ein Kritiker meinte, eine kultiviertere Form der Darbietung hätte das Werk in die Sphäre der Kunst erhoben, aber „Herr Molnár hält von diesen Dingen nichts. Er hat Talent, aber keine Kultur; er hat Witz, aber keinen Geschmack."[28]

Ein anderer Rezensent spöttelt: „Monna Vannas Mantel, Sherlock Holmes' Revolver, Scribes vertauschte Briefe — nichts wird versäumt, um dem Liebespaar, um vor allem dem Publikum gehörig einzuheizen." Erfreulicherweise kommt der selbe Unzufriedene zur Schlußfolge-

---

[27] Erzsébet Molnár: „Testvérek voltunk".
[28] Erich Schlaikjer: „Der Teufel", Kritik, 30. 3. 1908.

rung: „Wir haben nicht genug Autoren mit gleich belebendem Witz, mit gleicher Bühnensicherheit, um diesen Fremdling abweisen zu dürfen."[29]

Béla Osváth, Budapester Anführer der Anti-Molnár-Gruppe in der bis heute unausgefochtenen Debatte über den großen/unbedeutenden Dichter/Konfektionär Ferenc Molnár, schreibt in seinem berüchtigten Pamphlet zu dem in diesem Kapitel behandelten Opus: „Der Teufel ist ein echtes impressionistisches Drama: es webt den Stoff des Dramas aus Stimmungsreflexen der augenblicklichen Eindrücke, und in dem Stoff ist das dominierende Muster die sinnliche Liebe. Im Teufel finden wir den kommerzialisierten Freudismus genauso wie die Erotik der um die Themen des Sexuallebens tänzelnden französischen Stücke — und den bisher noch nicht erwähnten Zug der impressionistischen Dramen: die Neigung zu den symbolistischen Motiven. Die Figur des Teufels würde die erotische Begierde symbolisieren, welche die Frau begleitet, ohne Verwirklichung der aufblitzenden schriftstellerischen und hauptsächlich dramatischen Möglichkeit. Den Erfolg des Teufels sicherte niemals die aufleuchtende künstlerische Idee oder die verwirklichte künstlerische Komposition (diese hätte das Publikum vergebens gesucht) — die gut untergebrachten geistreich pikanten Aussprüche heimsten den Erfolg ein."[30]

Die Konklusion, daß der Erfolg von der Pikanterie, den Zweideutigkeiten, dem Schlüpfrigen ausgelöst wird, mag bis zu einem gewissen Grad stimmen. Dies spricht jedoch nicht so sehr gegen Molnár, wie eher gegen das Publikum. Oder gegen Politiker, wie Chamberlain, der das Stück nach 30 Vorstellungen mit Aufführungsverbot belegte. Dem Autor ist höchstens vorzuwerfen, daß er in diesem Stück — und nicht nur in diesem — keine edlen, moralischen Ziele vor Augen hatte. Deshalb konnte „Der Teufel" keinen Rang in der Weltliteratur einnehmen.

In Molnárs Œuvre und zugleich in der Theatergeschichte hingegen nimmt das Werk einen bedeutenden

---

[29] M. J.: „Der Teufel im Lessingtheater", Kritik, 26. 3. 1908.
[30] Béla Osváth: „A Molnár-legenda", Budapest, 1963.

Platz ein. Es ist ein Markstein. Durch dieses Stück stößt Molnár die Bühnentür zur großen Welt auf. Er betritt die Welt, die für ihn die Bühne bedeutet. Und erst nach ihm ist es anderen ungarischen Schriftstellern möglich, den gleichen Weg zu beschreiten. Sie folgen ihm in den zwanziger und dreißiger Jahren beängstigend dicht gedrängt. Er zeigt es den Kollegen, wie man es macht. Er paßt sich den Verhältnissen der internationalen Bühnen gut an. Die Wahl seiner Themen und die Behandlung der Stoffe ermöglichen eine ziemlich unproblematisch fremdsprachige Bearbeitung.

Für die deutschen und amerikanischen Bühnen verlegt er den Handlungsort des Teufels von Budapest nach Wien. Auch die Personen erhalten neue Namen. Wer sich noch erinnert, warum Molnár seinen Künstlernamen angenommen hat, der wird nicht ganz ohne Grund schmunzeln, wenn er erfährt, daß der Teufel in der deutschsprachigen Version Dr. Müller, in der angelsächsischen Dr. Miller heißt.

6. DAS GROSSE DRAMA „LILIOM"

Obwohl Molnár mit dem „Teufel" die Schwelle des Welterfolgs überschritten hatte, blieb er einstweilen der alte Budapester Bohémien und entfaltete weiterhin eine fruchtbare Aktivität. Außer seiner journalistischen Arbeit faszinierte ihn in dieser Zeit erstmalig das Kabarett. Der Begründer des ungarischen Cabarets, Endre Nagy, erinnert sich in seinen Memoiren: „Ich war 20 Jahre alt, arbeitete bei einer Zeitung in Nagyvárad (Großwardein), als ich eines Tages einen Brief vom unbekannten Ferenc Molnár empfing. Er schrieb mir, er beginne soeben die schriftstellerische Laufbahn und nähme die Mannschaft in Augenschein, mit der er in Zukunft das Rennen würde bestreiten müssen, so habe er einige meiner Schriften gelesen und fordere mich auf, wenn ich nur könne, nach Budapest zu reisen und Freundschaft mit ihm zu schließen."

Endre Nagy folgte der Aufforderung und brachte ein

paar Jahre später die bis dato unbekannte Kleinkunstform aus Paris nach Budapest. Man kann also behaupten, daß die Geburt des legendären ungarischen Kabaretts mittelbar auch Franz Molnárs Verdienst war.

Er schrieb zahlreiche Sketchs und Persiflagen. Anfangs unterstützte er Endre Nagy mit seinem brillanten Humor, nach einer Weile jedoch machte er ihm Konkurrenz: er wurde künstlerischer Leiter der Modern Szinpad (Moderne Bühne), die er mit seinem Schriftstellerfreund und zeitweiligen Coautor Jenö (Eugen) Heltai als Partner eröffnete.

Er liebte das Theater in allen seinen Erscheinungsformen so sehr, daß er auch vor Bühnenauftritten nicht zurückscheute. Auf einer Festgala anläßlich des 40jährigen Berufsjubiläums von Ernő Osvát, Chefredakteur der literarischen Zeitschrift „Nyugat" (Westen) und bedeutendster Förderer der jungen ungarischen Literaten seiner Zeit, übernahm Molnár im Lustspieltheater, wo er ja bereits „zu Hause" war, die Rolle des Conférenciers. Seine Festansprache betitelte sich „Zehn sehr kurze Lehren aus den 25 Arbeitsjahren des Jubilars". Einige Punkte sind im Hinblick auf Molnárs Berufsethos zitierenswert: „Von ihm habe ich gelernt: der gute Kritiker ist wie der gute Verleger — er bezahlt nicht nur die Arbeit anständig, sondern rückt auch mit einem Vorschuß auf das nächste Werk des Dichters heraus. Von ihm habe ich gelernt: die höchste Kritiker-Autorität ist, wenn man nicht nur auf das Ja oder Nein des Rezensenten neugierig ist. Von ihm habe ich gelernt: in der Beurteilung der künstlerischen Arbeit dürfen nur in Richtung Nachgiebigkeit Fehler begangen werden, in Richtung Strenge niemals. Von ihm habe ich gelernt: Shakespeare war ein Genius, wir sollten anständige Menschen sein."

Sein nächstes Bühnenstück, der Geniestreich „Liliom", sein größter Wurf überhaupt, die Molnár-Bühnendichtung, an dem die Gemüter sich bis in unsere Tage pro und kontra erhitzen, ließ wiederum zwei Jahre auf sich warten. Dieses Werk, das zweifellos einen Höhepunkt seines Schaffens darstellt und zur Weltliteratur zu zählen ist, wurzelt in Molnárs Gefühlsleben und Eros.

George L. Nagy sieht es so: „Der Welterfolg der Komödie ‚Der Teufel' machte alte Freunde wie Sándor Bródy neidisch. Keinem ungarischen Dramatiker war es vorher gelungen, so eindrucksvoll die internationale Bühne zu erobern. Man nannte ihn einen Egoisten, Geizhals und Säufer, der seine Frau mißhandelt habe und ein schlechter Vater sei. Diese übertriebenen Klatschreden veranlaßten ihn, im ‚Pesti Napló' ein Sonntags-Feuilleton mit dem Titel ‚Das Schlummermärchen' zu schreiben. Er wollte einen groben, aber liebenden Vater darstellen, dessen Geschichte die Grundhandlung des ‚Liliom' enthielt."[31]

Anderen Quellen zufolge hatte die Figur des Hutschenschleuderers eher mit Molnárs mißlungener Ehe, mit seiner Beziehung zu Margit Vészi zu tun. Er liebte seine Frau, die ihn weniger als siebenmal verließ und siebenmal zu ihm zurückkehrte. Er litt sehr unter den Zwistigkeiten und wollte sich auf seine Art rechtfertigen, ja wenn möglich, seine Frau für immer zurückgewinnen. In der Figur des Vergnügungsparkstrizzis, dessen Modell eigentlich er selbst war, wollte er seiner Frau zu verstehen geben: „Ich bin kein schlechter Bursche. Ich kann nichts dafür, daß ich immer nur zuschlage, sogar wenn ich streicheln will..."[32]

Wie dem auch sei, in den nächsten Wochen hat sich Molnár hingesetzt, seine Arbeitszeit wieder diszipliniert eingehalten, das heißt, die Nächte durchgeschrieben. Der „Liliom", aus der Novelle entwickelt, ist in freiwilliger Verbannung — in Sibirien entstanden. Auf diesen Namen taufte die Budapester Bohéme einen Erkerausbau des prunkvollen Café New York, gleich neben dem Platz der Militärkapelle, die allabendlich aufspielte. Was dieser Name für eine Bewandtnis hatte? Die „Vengerkas", jene leichten Ungarmädchen, die aus dem zaristischen Rußland heimgekehrt waren, nachdem sie sich dort in ein-

---

[31] George L. Nagy: F. M.'s Stücke auf der deutschsprachigen Bühne.
[32] Georg Kövary: Der Vater vom Liliom, F. M.'s Leben in Anekdoten, ORF, 1978.

schlägigen Lokalen verpflichtet hatten, wählten diesen Standort zu ihrem Rendezvousplatz. In 21 Tagen war „Liliom" beendet.

Die „Vorstadtlegende" hat folgenden Inhalt: Im Budapester Stadtwäldchen, beim Ringelspiel der Frau Muskat, arbeitet der Schaukelbursche Liliom. Die Dienstmädchen, die er zum Eintritt animiert, werfen ihm verliebte Blicke zu. Eifersüchtig beschimpft Frau Muskat das Dienstmädchen Julie, weil sie sich von Liliom um die Taille nehmen ließ. Liliom verteidigt sie, streitet mit seiner Chefin und wird daraufhin entlassen. Julie und Liliom ziehen ins Atelier der Photographin Frau Hollunder, einer Verwandten des Mädchens. Dort beklagt sich Julie bei ihrer Freundin Marie, Liliom sei arbeitsscheu und würde sie sogar schlagen. Liliom kommt mit der Unterweltfigur Ficsur nach Hause. Stolz lehnt er ab, als Frau Muskat ihm seinen alten Posten wieder anbietet. Julie erzählt Liliom, sie erwarte ein Kind. Er ist glücklich, fühlt zum ersten Mal im Leben eine Art Verantwortungsbewußtsein und beschließt, für seine Familie zu sorgen. Ficsur verspricht ihm rasches Geld durch einen Raubüberfall auf Linzmann, den Kassierer einer Fabrik. Der soll jeden Samstag zu einer bestimmten Zeit mit 16.000 Kronen am Bahndamm vorbeigehen. Liliom müsse den Kassier nur fragen, wie spät es sei, und Ficsur würde ihn von hinten erstechen. Liliom nimmt Frau Hollunders Küchenmesser zu sich. Während die beiden am Bahndamm auf ihr Opfer warten, spielen sie Karten. Liliom verliert 9.600 Kronen, also mehr als sein Anteil bei Gelingen des Überfalls betragen würde. Der Plan scheitert. Linzmann zieht eine Pistole und ruft zwei berittene Polizisten herbei, die in der Nähe patrouillieren. Ficsur gelingt es zu entfliehen, aber Liliom sieht keinen Ausweg. Er stößt sich das Küchenmesser in die eigene Brust. Als er auf einer Bahre ins Atelier der Frau Hollunder getragen wird, kann er Julie nur noch ein paar Worte über sein verfehltes Leben sagen, bevor er stirbt. Julie bleibt mit dem Toten allein und spricht zärtlich zu ihm:

Schlaf' nur, Liliom ... die andern geht's nichts an ...
Auch die da geht's nichts an ... Selbst dir hab ich's nie gesagt, nie ... jetzt aber sag ich dir's ... jetzt sag ich dir's ...
du alter, schlechter, du böser Kerl ... du elender, roher, niederträchtiger, lieber Mensch ... Schlaf' nur ruhig. Liliom ...
Wen geht das arme Dienstmädel was an? ... Auch dir sag ich's nicht ... auch dir nicht ... was ich jetzt spür' ... du tät'st mich ja nur auslachen ... Aber jetzt hörst du deine Julie nicht mehr ... (Zart, mütterlich, vorwurfsvoll, aber mit großer Nachsicht und Liebe im Ton:) ... Nicht schön ist's, daß du mich geschlagen hast ... in die Brust und auf den Kopf und ins Gesicht ... jetzt bist du fort von deiner Julie ... Hast mich schlecht behandelt ... Das war nicht schön von dir ... aber jetzt schlaf nur ruhig, Liliom ... du böser, böser Strick, du ... so sehr hab' ich dich ... Jetzt sag ich's schon, jetzt ist's schon einerlei ... so schäm' ich mich ... so sehr schäm' ich mich ... aber jetzt hab ich's ja schon gesagt ... und gewußt hast du's ja eh ... Aber ich schäm' mich doch ... ich schäm' mich sehr ... Schlaf' jetzt nur, Liliom ...

Zwei schwarz gekleidete blasse Gestalten erscheinen. Liliom steht auf und folgt den Polizisten Gottes. Im Jenseits — auf dem himmlischen Polizeikommissariat — wird er einem Verhör unterzogen. Er wird zu sechzehn Jahren Fegefeuer verdonnert, bevor er einen Tag wieder auf der Erde verbringen darf, um etwas Gutes zu tun.

16 Jahre später kommt Liliom wieder auf die Erde zurück, um seine Tochter Luise zu sehen. Unterwegs hat er für sie noch einen Stern gestohlen. Er erscheint in Julies armseliger Hütte als Bettler und bekommt einen Teller Suppe. Er erzählt, er hätte Luises Vater gekannt, der ein Raufbold, ein Nichtsnutz gewesen sei, der seine Frau geschlagen hätte. Julie behauptet das Gegenteil und verbietet Luise, mit dem Fremden zu sprechen. Als Liliom des Hauses verwiesen wird, schlägt er Luise hart auf die Hand. Aber sie spürt keinen Schmerz — es ist ihr, als hätte man ihre Hand liebevoll gestreichelt. Die himmlischen Detektive führen Liliom kopfschüttelnd ab. Nun fragt das Mädchen seine Mutter, ob es denn möglich sei, daß ein so heftiger Schlag nicht weh tue. „Es ist möglich, mein Kind ...", erwidert Julie, „daß einen jemand schlägt .. und es tut gar nicht weh ..."

Die Uraufführung am 7. Dezember 1919 im Vigszinház brachte Franz Molnár eine der größten, wenn nicht überhaupt die größte Enttäuschung seines Lebens als Dichter — das Stück ist eindeutig durchgefallen. Die Leute verließen während der Vorstellung das Theater, als der Autor sich am Ende auf der Bühne verbeugte, tat er dies vor einem fast leeren Zuschauerraum. Das bürgerliche Publikum war schockiert. Einige Gründe hiefür: Ihr Lieblingsautor hatte diesmal ein ernstes, trauriges, ja tragisches Stück geschrieben, anstatt weiterhin Heiteres zu liefern, was man doch von ihm erwartet hätte! Nach der gewohnten eleganten Salonatmosphäre wurde man unvorbereitet mit einem Proletenmilieu konfrontiert, und das gehört wirklich nicht auf die Bühne des renommierten Lustspielhauses! Budapest war einfach noch nicht reif für ein unkonventionelles, direkt avantgardistisch anmutendes Stück.

Die einzige Genugtuung, die Molnár zuteil wurde, ist in der Nacherzählung seiner Schwester zu lesen. Sie richtet ihre Worte direkt an ihren Bruder: „Der Mißerfolg des Liliom hat Dir großen Kummer bereitet. Ernste literarische Diskussionen wurden um Liliom geführt. Es mußte Dir eine große Genugtuung verschaffen, daß Zsolt Beöthy, Universitätsprofessor der ungarischen Literaturgeschichte, Ästhet von bedeutendem Ruf, Dir am Sonntag nach der Premiere unerwartet einen Besuch abstattete. Er war zu Dir gekommen, obwohl er dich gar nicht gekannt hatte, um Dir seine Anerkennung für dein Stück Liliom persönlich auszusprechen. ‚Ich will Ihnen Genugtuung für den Liliom geben...' sagte Zsolt Beöthy, und er schwärmte derart von dem Stück, daß Du seine Würdigung als Entschädigung nach der Ablehnung dem Liliom gegenüber empfinden mußtest."[33]

Beöthy bieb ein Einzelfall. Auch der Bekannte, der nach der spärlich besuchten 25. Vorstellung Molnár beglückwünschte. Molnár antwortete mit bitterer Ironie: „Heute ist mein Liliom zum 25. Mal durchgefallen."

Zum Glück nahm die Welt sich kein Beispiel an Budapest. Dem „Teufel" ähnlich trat „Liliom" bald einen Sie-

---

[33] Erzsébet Molnár: Testvérek voltunk, Budapest.

geszug um den ganzen Erdball an. Das Publikum schloß den Halunken überall ins Herz, ob der Schauplatz nun nach Sankt Pauli, in den Berliner Lunapark oder auf Coney Island verlegt wurde.

Nicht nur unter allen dramatischen Werken von Franz Molnár, sondern der gesamten ungarischen Literatur war und ist bis heute „Liliom" der größte internationale Erfolg.

Dieser begann in Wien. Die Wochenpresse erinnert sich: „Am 28. Feburar 1913, um sieben Uhr abends, ging Liliom, von Franz Molnár, eine ‚Vorstadtlegende in 7 Bildern', in der deutschen Übersetzung von Alfred Polgar zum ersten Mal über die Bretter des k. u. k. priviligierten Theaters in der Josefstadt. Josef Jarno, der Direktor des Hauses, spielte den Liliom, Hansi Niese die Julie. Zu dieser Stunde begann der Siegeszug des Stückes über die Welt, das kurz vorher bei seiner Uraufführung in der ungarischen Originalfassung in Budapest beinahe durchgefallen war."[34]

„Die Österreicher haben ‚Liliom' als ein Volksstück aus dem Wiener Prater kennengelernt. Vor allem deswegen stellen sie Molnár neben Grillparzer, Raimund, Nestroy, Schnitzler und Horváth unter die vornehmsten Vertreter österreichischen Theaters. Die dramatische Literatur Österreichs unterscheidet sich von der anderer Länder dadurch, daß darin ‚das Tragische doch auch heiter ist, und das Heitere doch sehr schmerzlich'. Mit ‚Liliom' befriedigte Molnár diesen Geschmack vollkommen."[35]

Felix Salten verglich Liliom mit Nikita aus Tolstois „Macht der Finsternis" und vermutete darin Molnárs Vorbild[36]. Wahr ist, daß der russische Gigant ein Lieblingsschriftsteller von Molnár war. Wenn er als junger Mann Tolstoi gelesen habe, erzählt er in einer seiner Selbstbiographien, sei er nachher vor Aufregung die ganze Nacht wach gelegen.

---

[34] R. O.: Schaubudenlegende, Die Wochenpresse, Wien, 16. 4. 1960.

[35] George L. Nagy: F. M.'s Stück auf der deutschsprachigen Bühne. Zitat: Hans Weigel.

[36] Felix Salten: Schauen und Spielen, Wien, 1921.

Die verschiedenen Berliner Inszenierungen (1914 Deutschlandpremiere, 1922 spielt Max Pallenberg die Titelrolle, 1931 der berühmteste deutsche Liliom: Hans Albers) führen dazu, daß zwei leitende Kritiker, Alfred Kerr und Herbert Ihering, einander in der Bewertung von Autor und Stück einen Kampf in mehreren Schlachten liefern.

Kerr hat, bevor er auf die Linie der Molnár-Bewunderer eingeschwenkt ist, ein böses Pamphlet geschrieben, in dem es heißt:

„Er kommt aus Tantiémen,
Und sein Stamm sind jene Azra,
Die dran Geld verdienen,
Wenn sie dichten."

Später zollt er jedoch dem Autor des „Liliom" vollste Anerkennung und bleibt dabei: „Das ist etwas Unsterbliches. Wahr bleibt, daß dieser Macher hier den Allergrößten verwandt ist. Das ein Trickhändler Wunderbares geschaffen hat."[37]

Iherings Urteil ist unverrückbar negativ. Für ihn wirken die empfindsamsten Szenen am peinlichsten, „wo Liliom sich freut, daß Julie Mutter wird; wo Julie an der Leiche Liliom ihre Liebe gesteht; wo Liliom, vom Himmel beurlaubt, von Julie nicht erkannt wird." Als Hans Albers sich in dieser Paraderolle vorstellt, beklagt sich Ihering über das Publikum, das gegen Albers' „Gefühl" und „Berliner Schnauze" unfähig sei zu widerstehen. Fairerweise bekennt er, daß er in Berlin noch nie so einen durchschlagenden Erfolg erlebt habe[38].

„Liliom" wurde ein Liebling im Repertoire der deutschsprachigen Bühnen. Die bekanntesten österreichischen Liliom-Darsteller waren: Karl Paryla (Stadttheater Basel, 1936), Paul Hörbiger (Burgtheater, 1946), Heinz Conrads, Josef Meinrad, Helmuth Lohner (in einer Fernsehaufführung).

Hans Weigel, stets begeistert von Molnár, schrieb anläßlich einer Neuaufführung: „Ganz allmählich, mit lan-

---

[37] Alfred Kerr im Berliner Tageblatt, 1914.
[38] Herbert Ihering: Von Reinhardt bis Brecht, Rowohlt, 1967.

Der junge Ferenc Molnár

Sári Fedák, Budapester Publikumsliebling, Molnárs zweite Frau

Lili Darvas, später Reinhardt-Schauspielerin, Molnárs dritte Frau, mit Bühnenpartner Hans Thimig.

„Der Teufel". Szenenbild aus der Aufführung am Budapester Lustspieltheater nach 1956 mit Zoltán Várkonyi und Zoltán Latinovits.

Dolores Schmidinger und Franz Stoß im „Veilchen", Theater in der Josefstadt, 1983.

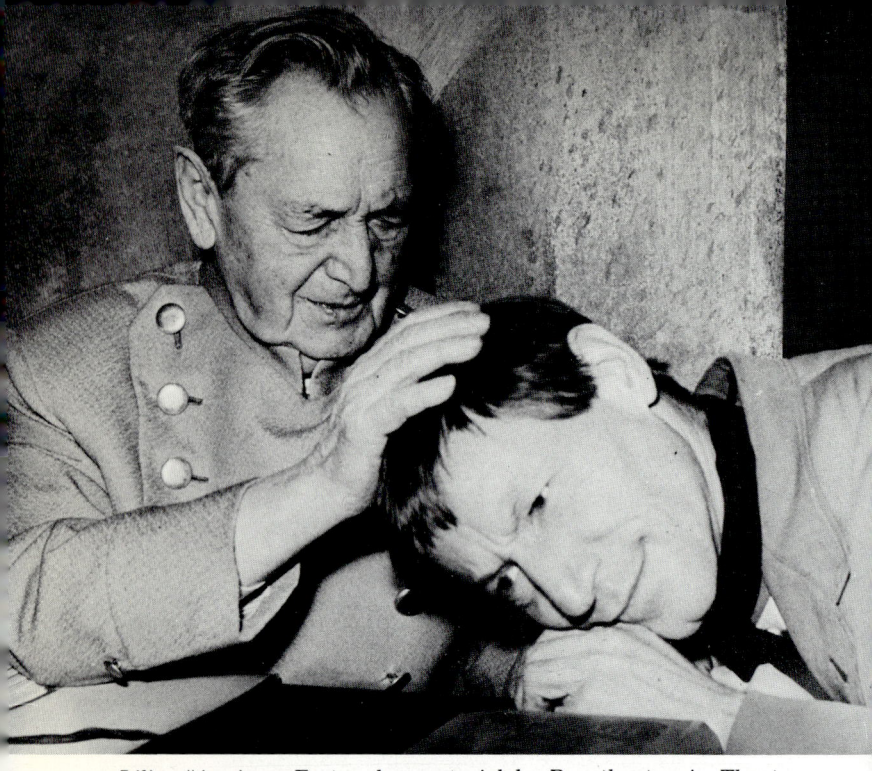

„Liliom" in einem Festwochengastspiel des Burgtheaters im Theater an der Wien mit Josef Meinrad in der Titelrolle und Hans Moser als Himmlischen Konzipisten, 1963.

Harald Juhnke als „Liliom"

Kurt Heintel als „Der Gardeoffizier" mit Partnerin Susanne Almassy im Theater in der Josefstadt, 1965/66.

„Spiel im Schloß" in den Kammerspielen mit Maxi Böhm und Hans Jaray, der auch die Bearbeitung vorgenommen hatte, 1980/81.

Das letzte Bild von Franz Molnár im New Yorker Plaza Hotel, wo er bis zu seinem Tod als Emigrant logierte.

desüblicher Verspätung werden wir uns der Bedeutsamkeit des Liliom bewußt. Aber schon heute steht diese Vorstadtlegende zum Beispiel gewiß hoch über der 16 Jahre älteren ‚Traumdichtung' Hanneles Himmelfahrt. Und ich persönlich gebe für Liliom den ganzen Grillparzer mit einigen Bänden Hofmannsthal als Zuwag'."[39]

Der Ablehnung — siehe Ihering — stehen immer mehr „Liliom-Schwärmer" gegenüber. Giacomo Puccini schlug Franz Molnár vor, eine Oper aus diesem brillanten Stück zu machen. Der selbstbewußte Autor wies ihn mit einer für ihn charakteristischen Argumentation ab: „Wenn Sie mein Stück vertonen, wird alle Welt von einer Puccini Oper sprechen. So aber bleibt es ein Stück von Molnár."

Bekanntlich konnte „Liliom" dem Schicksal der Vertonung schließlich nicht entgehen: unter dem Titel „Carousel" amerikanisierten der Komponist Richard Rodgers und der Librettist Oscar Hammerstein mit Molnárs Genehmigung das Wurstelpratermärchen bis zur Unkenntlichkeit zu einem Musical. Es wurde 890mal am Broadway aufgeführt.

Vorher hatte allerdings das Prosastück (US-Premiere: 1921) längst auch die amerikanischen Bühnen erobert. Joseph Schildkraut spielte den Liliom nicht weniger als sieben Jahre en suite. 1940 debütierte Ingrid Bergmann im 44th Street Theatre als Julie, ihr Liliom war Burgess Meredith.

Der Film ging natürlich auch nicht an diesem dankbaren „Stoff" vorbei; 1930 drehte der Regisseur Frank Borzage einen amerikanischen Film nach dem Stück, 1934 Fritz Lang einen französischen, mit Charles Boyer in der Hauptrolle. Darüber erzählte Franz Molnár im Freundeskreis: „Ich habe mir den Film nicht angeschaut, obwohl ich gerade in Paris war, als er anlief ... Ich war auf dem Plakat gar nicht ausgeschrieben, sondern irgend ein Deutscher ..."

„Liliom" hat alle Übersetzungen heil überstanden, von Alfred Polgars österreichischer Einfärbung, die wegen der Sprachbarrieren zwischen dem viel reicheren und nu-

---

[39] Hans Weigel: „Der Abend heißt Fräulein Julie", Wien, 1960.

ancierteren Ungarischen und dem weniger flexiblen Deutschen manches an Poesie schuldig gebieben ist, bis zur Schwyzerdütschen Übertragung. Ausflüge in andere Gattungen konnten ihm auch nichts anhaben. Nicht einmal das „neue deutsche Regietheater" (am ärgsten wütete Rainer Werner Faßbinder) konnte ihn umbringen. Es scheint, Liliom hat überlebt.

Ein Budapester Anti-Molnár-Kämpfer meint: „Er hat nur soviel soziale Gewissensbisse, wie ein junger Mann aus gutem Hause, der ins Dienstmädchenzimmer schleicht."[40]

Aber Brooks Atkinson verkündet: „Liliom ist das schönste Stück unserer Zeit!"

Heute ist das Werk in der engeren Heimat des Autors längst anerkannt.

Lang ist's her, als nach der mißlungenen Budapester Premiere Molnárs Vater seinem Sohn den Vorwurf machte: „Siehst du, das kommt davon, wenn einer im Kaffeehaus bei Militärmusik ein Stück schreibt!"

Und seiner Frau mußte er versprechen, nie mehr so ein Stück zu schreiben.

Molnár kam darauf später immer wieder zurück: „Dies war das einzige Versprechen, daß ich in meinem Leben gehalten habe..."

7. „DER LEIBGARDIST" WURDE ZUM „GARDEOFFIZIER"

Das Debakel des „Liliom" war nicht nur künstlerisch, sondern auch privat ein Tiefpunkt in Molnárs Leben. Die Ehe mit Margit Vészi war nicht mehr zu kitten, aber er legte auch keinen Wert mehr darauf. Er hatte sich während der Proben in die weibliche Hauptdarstellerin seines Stückes verliebt. Irén Varsányi, welche die Julie verkörperte, war verheiratet. Die Liebesaffäre wurde publik, und der Ehemann forderte Molnár nach der mißlungenen

---

[40] Béla Osváth: A Molnár-legenda, Budapest, 1963.

Premiere zu einem Duell heraus. Anschließend wurde der Schriftsteller wegen „Duellvergehens" zu drei Monaten Kerker verurteilt. Nach seiner Entlassung lebte Irén mit ihm zusammen. Bald darauf erkrankte ihr kleiner Sohn, und sie kehrte für immer zu ihrer Familie zurück.

Ob wegen seiner zerrütteten Nerven, wie die Klatschspalten diverser Theaterzeitschriften berichteten, ob wegen einer Arthritis, wie es in seinen offiziellen Biographien heißt — jedenfalls mußte Molnár ins Krankenhaus, wo er sechs Wochen Aufenthalt nahm. Hier schrieb er einige Teile seines nächsten Stückes mit dem Titel „Der Leibgardist". Beendet wurde es in der Zurückgezogenheit seines Hotelzimmers auf der Margaretheninsel, und zwar am selben Tisch, der ihm zur Entstehung des „Teufels" als Unterlage gedient hatte. Aus Aberglauben schrieb er seine acht folgenden Stücke nicht mehr inmitten von Kaffeehauslärm.

Es geriet zu einem typischen „Molnár". Zwei später oftmals wiederholte Themen vereinigen sich in dieser Komödie: das Theater und die Ehe. Im Mittelpunkt des Spiels steht das Spiel selbst. Es wird an der Problemfrage „Sein oder Schein" gerüttelt. Obwohl es sich zweifelsfrei um ein Boulevardlustspiel handelt, ist es theaterwissenschaftlich bewiesen, daß es dieses Bühnenwerk war, welches Pirandello beeinflußt hat. Hier ist der Ausgangspunkt zu dem Neuen Theater des italienischen Nobelpreisträgers, zu seinem neuen Themenkreis, zu seiner neuen Dramaturgie zu suchen. Man bezeichnet Franz Molnár öfter als einen Vorläufer Luigi Pirandellos. Beurteilt man nur den Inhalt des Stückes, so scheint diese Behauptung abwegig. Schält man jedoch den dramatischen Kern heraus und bedenkt, was für ein lächerlich-tragischer Zwiespalt es sein muß, auf sich selbst eifersüchtig zu sein, dann ist es klar verständlich:

Ein Schauspieler und eine Schauspielerin sind seit sechs Monaten verheiratet, und die Ehefrau sehnt sich nach Abwechslung. Der eifersüchtige Ehemann erläutert dem Hausfreund, einem Theaterkritiker, er werde die Tugend seiner Gattin auf die Probe stellen. Da sie ihre Bewunderung für die Leibgardisten am königlichen Hof öfters zum Ausdruck gebracht hätte, habe er sich schon vor einigen Tagen eine Leibgardistenuniform anfertigen lassen. In dieser Aufmachung promeniert er nun unter dem Fenster seiner Frau, um ihre Aufmerksamkeit zu wekken. Später schickt er ihr Blumen und einen Brief, in dem er sich als Graf Viktor von Latour-Schönichen vorstellt und um eine persönliche Verabredung bittet. Sie willigt ein. Nun gibt der Schauspieler vor, er müsse drei Tage auswärts gastieren. Sobald er das Haus verläßt, zieht sie ihr schönstes Kleid an und gibt das verabredete Geheimzeichen am Fenster. „Der Graf" macht seine Aufwartung. Es wird heftig geflirtet. Am gleichen Tag wollen sie einander in der Oper wiedersehen.

Der zweite Akt spielt während der Aufführung der „Madame Butterfly". Die Schauspielerin offenbart dem gutaussehenden Offizier ihre Liebe mit einem leidenschaftlichen Kuß. Sie lädt ihn für den nächsten Nachmittag in ihre Wohnung ein.

Doch zum besprochenen Zeitpunkt, nein, viel früher noch, kommt der Schauspieler-Ehegatte heim. Er will seine Frau zwingen, ihre beabsichtigte Untreue zu bekennen. Sie leugnet alles ab und redet ihrem Mann sogar ein, sie habe am vorigen Abend keinen Besuch bekommen und in der Opernloge niemanden getroffen. Um die Frau Lügen zu strafen, zieht der Schauspieler abermals die Leibgardistenuniform an. Seine Gemahlin starrt eine Sekunde lang auf ihn, dann erkennt sie die Lage. Sie beteuert, sie habe ihn spätestens in der zweiten Minute seines Schwindels entlarvt. Der Schauspieler gibt sich geschlagen und sagt resigniert zum Kritiker: „Jetzt stell dir vor, was ich ihr erst alles hätte glauben müssen, wenn sie mich mit einem anderen betrogen hätte!"

Die Premiere am 19. November 1910, wobei der Autor zum ersten-, aber nicht zum letzten Mal selbst Regie führte, wurde zu einem stürmischen Erfolg. Dieser, jedenfalls der Erfolg als Komödie, war in Molnárs Augen gewissermaßen ein Mißverständnis. Er beichtete darüber Jahrzehnte danach: „Die Zuschauer auf der ganzen Welt lachten schallend über eines meiner Stücke qualvollen Inhalts. Darin verführt ein in seiner Liebe enttäuschter, leidender Schauspieler in Verkleidung seine liederliche Ehefrau. Dabei wollte ich im Krankenhaus, als ich dieses Stück schrieb, den brennendsten Schmerz meines jungen Lebens verewigen..."

In der Klage des Dichters klingt auch ein wenig Koketterie mit, als ob er zu verstehen geben wollte: „Seht, wie mir da eine Gratwanderung gelungen ist!" Es geht nicht nur in diesem Stück, aber hier besonders, um einen molnárschen „Trick", den György Sebestyén in einem Essay folgendermaßen beschreibt: „Molnár erkannte bald, daß sich jede Tragödie durch eine einzige Wendung in eine Komödie umstülpen ließ: die gleichen Figuren in unveränderten Wechselbeziehungen ergaben für den Betrachter nun, nach der geringen Verschiebung des Blickwinkels, eine groteske Szenerie; und die Spannung, die noch vor ein paar Sekunden die Kehle verschnürte, löste sich mit einem Mal durch Lachen. Er war ein Meister solcher Verschiebungen der Gewichte: seine Komödien entspringen der Hoffnungslosigkeit angesichts der so leicht durchschaubaren, billigen, oft auch schäbigen Mechanik der menschlichen Marionetten."

Der Erfolg ist, wie bei Molnár fast ausnahmslos in jedem Fall, auf die Ausführung zurückzuführen. Die frappanten, von Geist sprühenden Dialoge sind seine Stärke, und sie kommen hier zur Geltung, wie in seinen allerbesten Stücken, zu denen man eben den „Leibgardisten" zählen muß, ob man will oder nicht. Mit dem Geheimnis des Theaters, dem Rätsel des Erfolgs hadert man vergeblich — Molnár war ein Wisser, ein Könner.

Als ihm jemand noch während der Proben vorwarf, es sei unglaubwürdig, daß eine Frau ihren Ehemann nicht erkenne, nur weil dieser ein bißchen vermummt vor ihr erscheint, erwiderte er aus dem Stegreif: „Wenn das Publikum auf der Bühne gemalte Bäume als Wald hinnimmt, wird es auch glauben, daß die Ehefrau ihren Mann in der Leibgardistenuniform nicht erkennt!"

Die Kontroversen, ob Ferenc Molnár mit billigen Tricks arbeite oder ein genialer Bühnendichter sei, begannen schon zu jener Zeit. Ein großer ungarischer Schriftsteller, Dezsö (Desider) Kosztolányi, schrieb in seiner Kritik nach der Uraufführung: „Er gibt mehr als ein Dramatiker, weil er ein Poet ist..."

Die deutschsprachige Erstaufführung gehörte wieder einmal der österreichischen Hauptstadt. Am 11. Februar 1911 spielte Leopold Kramer zum ersten Mal die Titelfigur, mit der er jahrelang im gesamten deutschsprachigen Gebiet gastierte. So auch 1916 in Prag. Die Kritik meinte über die Komödie, sie sei „mit Geist sozusagen gesalzen, mit Witz wohlgefällig präpariert und mit so viel Meisterschaft hergerichtet, daß sie bestechen muß."[41]

In Deutschland, wo das Stück unter dem Originaltitel gelaufen ist (in Wien wurde es in „Der Gardeoffizier" umgetauft, um die kaiserliche Leibgarde nicht in Zusammenhang mit einem Lustspiel zu bringen), kam es vorerst nicht besonders gut an. Die Vorstellung im Berliner Kleinen Theater mit Alfred Abel und Claire Valentin in den Hauptpartien war in den Augen der Kritiker nicht mehr als eine „Verkleidungsfarce", ein „Verwechslungsspaß", eine „Stegreifkomödie". Das Tragische dürfte in Berlin auch nicht sehr stark zur Geltung gekommen sein, denn die Rezensenten waren nicht einmal von der Echtheit der Liebe des Schauspielers überzeugt: „Auch ihre Liebe spielten sie sich vor. Auch seine Eifersucht und ihr Kummer darüber ist Spielerei."[42]

Erst 1963 wurde das komödiantische Feuerwerk in Berlin voll rehabilitiert. Der Aufführung im Renaissance Theater bescheinigte ein Kritiker, das Stück sei trotz des abgegriffenen Themas („List der Frau, Torheit des Mannes") staubfrei über die Bühne gegangen. Adolf Wohlbrück in der Rolle des Schauspielers habe für das hohe Niveau gesorgt, das in Berlin „leider recht rar geworden" sei[43].

Merkwürdigerweise haben die Angelsachsen gleich-

---

[41] Prager Tageblatt: „Gardeoffizier, Gastspiel Leopold Kramer, 27. 3. 1916.

[42] „Kleines Theater: Zum ersten Male — Der Leibgardist", 18. 11. 1911.

[43] Friedrich Römer: „Altes Stück im neuen Glanz", Die Welt, 3. 12. 1963.

falls längere Zeit gebraucht, bis sie sich für das komische Eifersuchtsdrama erwärmen konnten. Sie nahmen auch Umtitelungen vor. In London (Erstaufführung 1911) hieß das Stück „Playing with fire", in New York (1913) „Where Ignorance is Bliss".

In London geschah hinter den Kulissen etwas Sensationelles. Seinerzeit wußten natürlich nur die Eingeweihten Bescheid darüber, bevor es die Presse enthüllte. Der männliche Hauptdarsteller, Robert Loraine, war ein Freund des legendären George Bernhard Shaw. Der irische Spötter war mit der Übersetzung nicht zufrieden, und so schrieb er die Rolle seines Protektionskindes teilweise um. Molnár erklärte dazu später: „Ich habe diese Version nicht gelesen, aber ich bin überzeugt, daß die Sätze, die G. B. Shaw hineingeschrieben hat, die besten des ganzen Stückes waren."

Noch ein Prominenter „mischte mit" in London. Giacomo Puccini erschien bei der Generalprobe und stürmte in der Pause hinter die Bühne. Regisseur und Mitwirkende waren zutiefst erschrocken, daß er gegen die Verwendung seiner Musik protestieren wolle. Das Gegenteil geschah: Puccini verbrachte Stunden damit, die Orchestrierung zu korrigieren, zu verbessern.

Österreich bewahrte seine Liebe zum „Gardeoffizier". Unter anderen spielten in Wien Ulrich Bettac, Kurt Heintel und zuletzt Michael Heltau diese großes komödiantisches Können erfordernde Figur. Im Programmheft der letztgenannten Burgtheateraufführungsserie ist folgendes zu lesen: „‚Der Leibgardist', ein Lustspiel aus dem Budapester Künstlermilieu des Jahres 1910, ist eines der geistreichsten, gekonntesten Molnár-Werke ... Selbstverständlich hatte auch Franz Molnár Fehler. Sein größter: er liebte das Theater über alles! Dies hatte zur Folge, daß er das Leben, die Menschen, alles, was ihm über den Weg lief, durch das Theater, durch die Bühne filterte. Heraus kam auf den ersten Blick ein Zerrbild, das sich auf den zweiten Blick als ein unglaublich treffendes Porträt entpuppte. Sein zweitgrößter Fehler: der ihm innewohnende überaus gescheite Humor, der als Waffe mehr als tödlich — der Lächerlichkeit preisgebend — war! Wenn ihm ab und zu ein Kritiker vorwarf, er mache es sich zu leicht, so traf dieser Vorwurf stets das Genre, die Gattung der Komödie schlechthin, nicht den Verfasser. Lustspiele anspruchsvoller zu schreiben als Molnár es tat, ist kaum möglich. Aber Routine ist immer verdächtig, und er war lustspielerfahren wie fast kein zweiter. Daß er Abgründen, die er lieber andeutete, als ihnen zu gestatten, daß sie sich auftun, federleichte Fassaden vorbaute, spricht meiner Meinung nach eher f ü r als gegen Molnár. Er war ein Psychologe, ein fabelhafter Kenner vor allem der Frauenseele, wovon übrigens gerade ‚Der Leibgardist' zeugt."[44]

In Budapest wurde die Komödie seit dem Krieg erst einmal gespielt. Diese Aufführung mit Iván Darvas und Éva Ruttkai war 1971 auch im Wiener Volkstheater im Rahmen eines Gastspiels zu sehen.

Der Film bemächtigte sich dreimal des dankbaren Stoffes. 1927 in Österreich (Regie Robert Wiene, in den Hauptrollen Fritz Abel und Maria Corda), 1931 und 1941 in den USA, das erste Mal unter dem Titel „The guardsman", dann als „The chocolate soldier". Letzteres war eine Mixtur aus Molnárs Stück und der Oscar Strauß-Operette.

1945 bearbeitete Arthur Miller das Bühnenstück für den Rundfunk. 1978, zum 100. Geburtstag von Franz Molnár, strahlte der Österreichische Rundfunk eine neue Hörspielfassung von Georg Kövary aus. In der Presseaussendung des ORF wurde das Stück unter anderem mit folgenden Worten gewürdigt: „‚Der Leibgardist', Molnárs 1910 entstandenes Lustspiel, könnte, musikalisch ausgedrückt, ‚die Schule der Geläufigkeit' genannt werden. Die hohe Schule, versteht sich. Die augenzwinkernde Genialität, mit der er den Beruf der Künstler, seine eigenen Darsteller und nicht zuletzt das Publikum ‚auf den Arm nimmt', ist unübertroffen, unübertreffbar."[45]

---

[44] Programmheft des Burgtheaters, Wien, Beitrag von Georg Kövary.
[45] Presseaussendung des ORF, 1978.

8. „DAS MÄRCHEN VOM WOLF"

Der Erfolg war wohl zu ihm zurückgekehrt, aber daß Irén ihn für immer verlassen hatte, konnte Franz Molnár nicht verwinden. Er unternahm einen Selbstmordversuch mit Schlaftabletten. Anschließend verbrachte er drei Monate in einem Sanatorium in Judendorf, Steiermark.

Sein nächster Welterfolg, „Das Märchen vom Wolf", ist noch von seinen Erinnerungen an sein Liebesverhältnis durchtränkt...

Der Rechtsanwalt Dr. Kelemen ist eifersüchtig auf seine schöne junge Frau Vilma, obwohl die beiden schon seit sechs Jahren glücklich verheiratet sind und einen kleinen Sohn haben. Der erste Akt spielt in einem Restaurant, wo das Ehepaar speist. Szabó tritt ein und setzt sich an einen Tisch zu zwei Offizieren, die eine lebhafte Unterhaltung über die Eroberung von Frauen führen. Kelemen vermutet in Szabó einen früheren Geliebten Vilmas; er treibt sie mit seiner Eifersucht fast zur Verzweiflung. Er faßt den Plan, für sie eine Million zu verdienen, um sie dadurch an sich zu fesseln. Am Abend beabsichtigt er die Soirée einer einflußreichen Gräfin zu besuchen, um mit Hilfe ihres Bruders zu einem großen Geschäft zu kommen.

Der erste Teil des zweiten Aktes findet bei den Kelemen statt. Nach anfänglichem Leugnen bekennt Vilma, daß Szabó vor sieben Jahren um ihre Hand angehalten hatte. Sie habe ihn aber nicht geliebt und ihm einen Korb gegeben. Kelemen liest Szabós Abschiedsbrief, in dem er das Versprechen gibt, als ruhmreicher Soldat oder als großer Staatsmann, als Künstler von Weltruf oder im schlimmsten Fall als armer Diener zurückzukehren und sich Vilma zu holen. Kelemen lacht über die Primitivität des Briefes. Dann erzählt er seinem kleinen Sohn, der ohne Märchen nicht einschlafen kann, die Geschichte vom Wolf: Ein armer Mann hatte ein Lämmchen, das er von ganzem Herzen liebte. Und sooft er an sein Lämmchen dachte, mußte er weinen, weil ihm dabei einfiel, daß einmal ein Wolf kommen könnte... Ein böser, gefräßiger

Wolf, der ihm sein kleines, weißes Lämmchen stehlen würde... Bei diesem Märchen schläft nicht nur der Kleine, sondern auch seine Mutter ein, die sich mittlerweile auf die Couch gelegt hatte.

Der zweite Teil des zweiten Aktes ist Vilmas Traum. Sie befindet sich bei der gräflichen Soirée, worüber ihr Mann im Restaurant gesprochen hatte. Szabó erscheint ihr in einer wilden Traumsequenz als Kriegsheld, als Diplomat, als Heldenbariton und als Lakai. Jedesmal sinkt sie trotz des verursachten Skandals dem heiß um sie werbenden Geliebten in die Arme.

Am Anfang des dritten Aktes weckt das Dienstmädchen Vilma behutsam aus ihrem Traum. Szabó ist da, mit einer wichtigen Nachricht für Dr. Kelemen. Vilmas ehemaliger Verehrer entpuppt sich als der schüchterne Konzipient eines Anwalts. Er hat nichts gemeinsam mit den großspurigen Traumgestalten. Angesichts dieser lächerlichen Figur ist der Ehemann vollends beruhigt. Szabó bekommt seinen Liebesbrief zurück, und Vilma wird von einer trügerischen Illusion für immer befreit.

Alles, was für Molnár typisch ist, wird im „Märchen vom Wolf" aufgeboten. Die von ihm bevorzugten theatralischen Momente Ehe und Eifersucht; das *Aussteigen* aus der Wirklichkeit, hier in einen Traum, der die gelungenste Szene des ganzen Stückes ist, Kritik an der bürgerlichen Gesellschaft, ohne ihr allzusehr weh zu tun. (Die über ihre Liebesaffären prahlenden Soldaten — die gekünstelte Steifheit bei der Soirée — die Geldgier des Mittelstandes.)

Bei der Premiere am 9. November 1912, zum ersten Mal im Magyar Szinház (Ungarisches Theater), waren bereits eine stattliche Anzahl ausländischer Theatergeschäftsleute anwesend. Nicht weniger als sechs von ihnen sicherten sich die Aufführungsrechte noch am selben Abend.

Die deutschsprachige Erstaufführung am Burgtheater am 23. Dezember 1912 mit Otto Treßler als Szabó war ein Sensationserfolg. Der anwesende Autor wurde stürmisch bejubelt. Auch die Kritik war enthusiastisch, wenn sie auch nicht die Schwächen des Stückes verschwieg, wie das Neue Wiener Journal, das sich über Breitspurigkeit und unnötige Lust am Plaudern beklagte: „Er erzählt. Dann erzählt er, warum er erzählt. Hierauf macht er einen Witz über die Erzählung. Dann erläutert er den Witz. Dann macht er einen Witz über die Erläuterung. Dann fragt er, ob man ihn verstanden hat. Dann beweist er, daß er das Ganze selber nicht glaubt."[46]

In Deutschland übertrifft der Erfolg den in Österreich. Und die Pressestimmen erst! Die Breslauer Zeitung vergleicht Molnár mit Grillparzer („Der Traum ein Leben") und mit Hauptmann, Alfred Kerr sogar mit Strindberg („Traumspiel"). Wieder einmal ist seine Rezension voll des höchsten Lobes, in einem Stil verfaßt, der quasi besagt: „Ich weiß, daß man ihn nicht so hochloben dürfte, aber..." Diese Art Kritik, eine Mischung von Anerkennung und Geringschätzung des Hochgejubelten als eigene Rechtfertigung, ist vielen Molnár-Rezensenten eigen. Der Zwiespalt der Kritiker begleitete Molnár ein Leben lang. Kerr schreibt also, Molnár sei im Vergleich mit dem Schweden „witziger, tagnäher, formfester, exakter... zugleich unscheinbarer, seelisch gehaltreicher (ja: seelisch gehaltreicher) ist der unklassische Leichtfuß, der Technikus, der seine Immortalität nicht angemeldet hat."[47]

Unter der Regie von Hans Hollmann führte das Theater in der Josefstadt 1968 „Das Märchen vom Wolf" mit Peter Vogel als Szabó, Gertraud Jesserer als Vilma und Kurt Sowinetz als Kelemen auf. Paul Blaha schrieb damals, Molnár sei es im dritten Akt gelungen, in psychologische Tiefen einzudringen und die Tragikomik des eifersuchtsgeplagten Ehemannes mit Schniztlerscher Kunstfertigkeit zu vergegenwärtigen[48].

Ernst Stankowski bekam 1969 im Frankfurter Kleinen Theater am Zoo als Szabó Beifall auf offener Szene für seine Verwandlungskunst.

Die erste amerikanische Bearbeitung (David Belasco

---

[46] Leopold Jacobson: „Burgtheater", Neues Wiener Journal, 24. 12. 1912.
[47] Alfred Kerr: Berliner Tageblatt, 1932.
[48] Paul Blaha: „Das Schaf im Wolfspelz", Kurier, 1968.

Theatre, 1914) hat das Stück vollkommen verfälscht. In einem Vorspiel erklären der Autor und ein Schauspieler die Aussage des Stückes, aus Szabó ist ein Russe geworden usw. Die neue Story spielt in New York. Dem Publikum gefällt es, die Kritik schwelgt in Lobeshymnen. Zur Rechtfertigung der Um-Jeden-Preis-Umarbeiter sei erwähnt, daß „Das Märchen vom Wolf" 1925 in der Originalversion nicht mehr als 13 Aufführungen erlebte.

Nach England fand das Bühnenstück erst 1973 seinen Weg. Die „Times" schrieb über die Vorstellung: „Eine Oase des Luxus in der gegenwärtigen West End-Wüste."

Die Gattung musical comedy hat „Das Märchen vom Wolf" auch nicht verschont. 1921 fand die Premiere von „Love Letter" im Forrest Theatre, Philadelphia, statt. Die Musik stammte von einem Molnár-Freund aus Budapest. Victor Jacobi, hierzulande unbekannt, nimmt in Ungarn bis heute den Rang eines Lehár und Kálmán ein.

9. FRANZ MOLNÁR UND DER ERSTE WELTKRIEG

Der Erste Weltkrieg bedeutet wieder einmal einen Wendepunkt in Franz Molnárs literarischem Schaffen.

„Als friedlicher Bürger verabscheut Molnár den Krieg, ohne sich jedoch zum Pazifismus zu bekennen. Sein Leben verlief im bürgerlichen Rahmen und gewisse Vorstellungen blieben ihm fremd." schreibt Sándor von Ujváry[49].

Er besaß einen Revolver, in den er mit einem Messer die Worte einritzte: „Leben und leben lassen!"

Doch als das große Morden ausbrach, erwachte sein Reporterblut und er bewarb sich für den Posten eines Kriegsberichterstatters. Die offiziellen österreichischen Stellen lehnten ihn zweimal ab. Schließlich durfte er als Sonderkorrespondent zweier Tageszeitungen an die Front. Die eine war die „Neue Freie Presse", die andere

---

[49] Sándor von Ujváry: Ferenc Molnár, der lachende Magier, Vaduz, 1965.

die populärste Budapester Boulevardzeitung „Az Est" („Der Abend"), deren Mitbegründer er gewesen war.

Seine Reportagen haben literarischen Wert. Viele wurden von englischen und amerikanischen Tageszeitungen nachgedruckt. Eine Auswahl erschien in Ungarn unter dem Titel „Tagebuch eines Kriegsberichterstatters". Die deutsche Übersetzung kam 1916 bei S. Fischer in Berlin als „Kriegsfahrten eines Ungarn" heraus. Diese Sammlung wurde zum größten Bucherfolg der Kriegspublizistik in der Monarchie. Der Autor erhielt dafür den Franz-Joseph-Orden.

Zu dieser Zeit wurde Franz Molnár auch in die Ungarische Akademie der Wissenschaften aufgenommen und mit dem Voinits-Preis ausgezeichnet. Diese Ehrungen wurden ihm allerdings für seinen Einakter „Die weiße Wolke" zuteil, die am 25. Februar 1916 im Nationaltheater über die Bühne ging. Es handelt sich dabei um ein Rührstück über die gefallenen Husaren, die im Himmel von ihren Kindern besucht werden.

Vermutlich hat Molnár auch der Krieg, in dem Freund- und Feindbild durcheinandergeraten bzw. auf Kommando ausgetauscht werden können, zu seinem Einakter „Souper" inspiriert. Es geht darin um einen erfolgreichen Geschäftsmann, der sechs enge Freunde zum Abendessen einlädt. Alle trinken auf das Wohl des Gastgebers, der auf allgemeinen Wunsch eine Festrede hält. Mittendrin wird ein Polizeikommissar gemeldet, der den Gastgeber verhaften und das Haus durchsuchen will. Die erschrokkenen Gäste beschuldigen einander und versuchen sich vom Jubilar zu distanzieren. Der Kommissar entpuppt sich als ein Verwandter aus der Provinz, der sich nur einen Scherz erlaubt hatte. Er verzehrt gut gelaunt sein Abendessen, während die Gäste sich mit eiskalten Mienen entfernen.

Nach dieser satirischen Bloßstellung der Scheinheiligkeit der bürgerlichen Moral und ihrer wackligen Beine, auf denen sie steht (daß sie für ewige Zeiten stehen bleiben würde, hat Molnár niemals in Zweifel gezogen...), flüchtet er sich in seinem nächsten, in den Kriegsjahren fertiggestellten Dreiakter in die Vergangenheit.

„Fasching" spielt in den Jahren nach der niedergeschlagenen Ungarischen Revolution 1848. Im Nebenraum eines vornehmen Budapester Ballsaals lernen wir Kamilla, die heißblütige schöne junge Frau eines verschuldeten alternden Grundbesitzers kennen. Sie kommt mit ihrem Mann alljährlich zur Faschingszeit in die Hauptstadt, um sich zu amüsieren. Seit zwei Jahren bemüht sich Nikolaus, ein junger Träumer, um ihre Gunst. Nach einem Flirt mit diesem Verehrer bleibt Kamilla allein im Saal und findet einen kostbaren Diamanten. Kurz danach verbreitet sich die Nachricht, die Prinzessin habe einen Edelstein aus ihrem Diadem verloren, der viereinhalb Millionen Gulden Wert ist. Alle, die sich in der Nähe der Prinzessin aufgehalten hatten, werden von der Polizei durchsucht. Kamilla wird nicht verdächtigt.
Mit einem Mal hat sie ein Gefühl der Macht, der Freiheit. Mit dem Edelstein könnte sie sich und Nikolaus eine unabhängige, glückliche Zukunft erkaufen. Sie erzählt ihrem Galan von ihrem Fund und fordert ihn auf, mit ihr nach Amerika zu fliehen. Nikolaus beschwört Kamilla, den Stein wegzuwerfen; sie sei ja nur in den Schmuck verliebt, ja vermutlich nur in ihre eigene Tat. Er schlägt Scheidung oder ein geheimes Verhältnis vor. Diese Worte zerstören Kamillas romantische Träume. Sie überläßt Nikolaus einer Nebenbuhlerin und wirft den Diamanten weg. Der Polizeikommissar findet ihn, während Kamilla am Arm ihres Gatten resigniert in das gewohnte langweilige Landleben zurückkehrt.
„Fasching" (Premiere 28. Oktober 1916 im Vigszinház) war in Ungarn nicht zuletzt deshalb von Erfolg gekrönt, weil die Kamilla mit Molnárs damaliger Geliebten und späteren Frau, dem Publikumsliebling Sári Fedák, besetzt war.
Die deutschsprachige Erstaufführung am Burgtheater (15. März 1917) hatte nicht den großen Erfolg, den man sich von einer Molnár-Premiere erwartet hätte. Der Dichter hatte jedoch bereits einen derart wohlklingenden Namen, daß ihm, der sich zum Schluß der Vorstellung als Autor und Regisseur auf der Bühne verbeugte, stürmische Ovationen entgegenbrausten. Das Neue Wiener Tag-

blatt spendete jedenfalls der Hauptdarstellerin Lotte Medelsky uneingeschränktes Lob.

Die schärfste Kritik für die Burgtheateraufführung hatte der Berliner Börsen-Courier übrig. Darin wurde Molnár vorgeworfen, einen witzigen Einaktereinfall auf drei endlose, unerträglich langweilige Aufzüge ausgewalzt zu haben. Dieser Vorwurf ist auch nicht alleinstehend. Es wurde wiederholt festgestellt, daß die Anekdote die Grundform von Molnárs bühnenliterarischem Schaffen gewesen sei. Daraus ist dann aber in der Regel auch Meisterhaftes entstanden.

Die Berliner Aufführung in den Kammerspielen, kaum mehr als zwei Wochen nach dem Burgtheater, wurde dennoch ein Erfolg, sowohl beim Publikum als auch bei der Kritik. Der „Tag" vermerkte, Molnár habe mit seinen „aufgeputzten Worten" und „blinzelnden Wendungen" einen vergnügsamen Abend „von Blut und Glut" bereitet. Das lag besonders an Leopoldine Konstantins glänzender Leistung als Kamilla. „Mächtiger Kitsch, aber glitzernd, pulsend — ärgerlich talentvoll."[50] Hier begegnen wir wieder dem Zwiespalt der Kritiker, den wir bereits aufgezeigt haben.

Die letzte deutschsprachige Aufführung des „Fasching" fand 1932 im Wiener Akademietheater statt. Seither wurde dieses „Spiel in drei Akten" nicht mehr auf das Programm gesetzt. Nach dem Zweiten Weltkrieg übrigens auch in Ungarn nicht.

10. „HERRENMODE"

Ein schwächeres Molnár-Stück mit dem Titel „Herrenmode" ist auch zu den „Weltkriegsarbeiten" einzureihen. Obwohl erst am 23. November 1917 am Budapester Nationaltheater uraufgeführt, soll das Opus schon 1914 entstanden sein. Die Idee schwebte dem Dichter sogar bereits 1913 vor, wie wir im Berliner Börsenkurier vom 22.

---

[50] Der Tag: „Fasching von Molnár. Kammerspiele", 3. 4. 1917.

August 1913 nachlesen können. In einem Interview erzählt Franz Molnár seine Vorstellungen über das geplante Bühnenstück: „Seine äußere Hülle bilden das alte Ofen und das junge Pest, das stille, liebe, gute, fleißige, furchtsame, kleinstädtische Ofen und das lärmende, unruhige, glühende, schöne, lügenhafte und verliebte Pest. Seine äußere Handlung: die Geschichte dreier Mädchen, eines Burschen und eines Krämerladens. Seine innere Handlung: das Lustspiel der menschlichen Aufopferung und Güte. Jetzt sind noch in ihm die ganze Kleinstadt, die grasbedeckten Felsen des Gellértberges, unten die beleuchtete Stadt, die glitzernde Donau, das Plätschern des Wassers an den Schiffswänden, das Rollen der Wagen aus Pest und das 8-Uhr-Läuten..."[51]

Es kommt nicht oft vor, daß man eine Einsicht in die Werkstätte eines Schriftstellers bekommt, indem man die ursprünglichen, ersten Ideen kennenlernt und dann das fertige Werk begutachten kann. Nun, diesmal ist es der Fall; hier bietet sich der Vergleich an, der leider zuungunsten des fertigen Elaborats ausfällt:

Peter Juhász ist Besitzer eines Herrenmodegeschäftes in Budapest. Er ist ein Mann von grenzenloser Gutmütigkeit und unsäglicher Wärme, der seine Frau Adele inbrünstig liebt. Da wird er jäh aus seinem Glück gerissen: er erfährt, daß sie die Ersparnisse seines Lebens aufgebraucht, ihre Liebe dem Verkäufer Mezei geschenkt hat, und daß er selbst bankrott ist. Gebrochenen Herzens, aber ohne Haßgefühle gibt er die Angebetete frei. Die Gläubiger ernennen für ein halbes Jahr einen aggressiven Mann zum Geschäftsführer. Mezei verspricht, das „geborgte" Geld in dieser Zeit zurückzuzahlen und verschwindet mit Adele in Richtung Berlin.

Ein steinreicher alter Graf, bei dem er früher gearbeitet hatte, beruft Juhász auf einen leitenden Posten in seiner Käsefabrik. Das Bürofräulein Paula folgt Juhász aufs Land, weil sie insgeheim auf eine Verbindung mit dem Grafen spekuliert. Juhász übernimmt es, den „Anstands-

---

[51] E. K. F. „Franz Molnár über sein neues Werk", Berliner Börsen-Courier, 1913.

wauwau" zu spielen und Paula vor der Annäherung des Grafen zu beschützen, wenn dieser zu weit gehen sollte. Mittlerweile verliebt er sich in das Mädchen. Der Graf will ihn loswerden und offeriert auf Anraten Paulas dem verarmten Juhász einen Scheck über 51.000 Kronen, damit er auf diesem Weg seine Schulden bezahle. Nun könnte also Juhász das Geschäft von den Gläubigern zurückkaufen. Der Mann will jedoch ohne Paula nicht gehen. Er gesteht ihr seine Liebe. Dann erfährt er, daß Mezei und Adele aus Berlin finanziell heruntergekommen heimgekehrt sind, und will das Geld des Grafen nicht akzeptieren. Aber es wurde schon telegraphisch nach Budapest überwiesen, um seine Schulden abzustatten. Während Juhász auf dem Wege zum Bahnhof ist, bekennt Paula dem Grafen, daß sie Juhász liebe.

Juhász hält sich bereits zwei Wochen in seinem alten Laden auf. Das Geschäft floriert. Mezei erscheint und will, wie früher, die Kunden bedienen. Die eintretende Paula hindert ihn daran und übernimmt die Führung des Geschäftes. Endlich findet Juhász sein Glück an ihrer Seite.

Die deutschsprachige Erstaufführung in Wien (Deutsches Volkstheater 1918 mit Leopold Kramer) rief gemischte Gefühle hervor. Die Kritiken waren eher gutmütig; manche fanden aber, das Thema hätte sich eher für eine Tragödie geeignet, anderen kam die übertriebene, ja penetrante Güte der Hauptfigur wie eine Parodie vor. Das Ensemble gastiert bereits nach 19 Vorstellungen mit dem Stück in der Provinz.

Der Münchner Aufführung, einige Monate später im Residenztheater mit Gustav Waldau als Juhász, erging es auch nicht viel besser.

Im Hamburger Thalia Theater 1919 ist die Blamage perfekt. Molnár muß eine seiner schlimmsten Rezensionen hinnehmen, wenn nicht überhaupt die übelste. Anstatt einer Kritik steht folgendes in einer Zeitung: „Was der ‚neue Molnár' bietet, ist ein geradezu polizeiwidrig langweiliges und dazu technisch mit vollendetem Dilettantismus zusammengestümpertes Machwerk, auf das näher einzugehen schon die Achtung vor der kostbaren

Zeit und dem beschränkten Raum des Blattes verbietet."[52]

Ein unfreundlich aufgenommenes, als schwach eingestuftes Stück sollte in der Versenkung verschwinden, sozusagen ad acta gelegt werden, sollte man glauben. So hielten es auch die Theaterfachleute in Ungarn, wo dieses Molnár-Opus seit mehr als einem halben Jahrhundert nicht mehr auf dem Spielplan steht. Doch Theater ist unberechenbar. In Österreich geschah ein echtes Theaterwunder: 50 Jahre nach der Erstaufführung, 1968, erweckte das Theater in der Josefstadt das totgesagte Lustspiel zu neuem Leben. Von Regisseur Peter Loos bearbeitet, mit Alfred Böhm goldrichtig besetzt, stellte sich beim umgetauften „Das Lamm" ein beachtlicher Erfolg bei Pulikum und Presse ein. Zitat aus einer Rezension: „Ein Hauch von Märchen liegt über dem Stück, denn märchenhaft wie sein Erfolg sind auch die Spiele Franz Molnárs. Er hat die Menschen durchschaut, dafür zeugt die subtile Meisterschaft, mit der er ihre Bosheit porträtiert."[53]

Paradoxerweise ist der späte Erfolg eines seiner nicht optimal gelungenen Stücke der beste Beweis für Franz Molnárs Größe. Wenn nämlich ein Bühnenwerk mit der Zeit nicht verstaubt, so bedeutet dies, daß bleibende Werte es am Leben erhalten. Und Molnár hat zwar mit einem Auge stets den Erfolg anvisiert, doch niemals mit billigen Methoden gearbeitet. Solche Werte sind in Molnárs Schaffen, trotz der regelmäßigen Anpöbelungen, gleichsam mit freiem Auge sichtbar. Es sind dies unter anderem die Themenwahl: seine Ideen sind meistens am Rande der Tragik sich bewegende Komödien; die Charaktere: bis ins kleinste Detail getroffene Moment- bzw. Zweistundenaufnahmen von Menschen wie du und ich, wobei jede erste Person die zweite Person haargenau zu erkennen vermeint, denn wer will sich selber schon so sehen, durch eine Brille der Psychologie und eine Lupe der Ironie; die Dialoge: natürlich, wie aus dem alltäglichen Leben gegriffen, und doch bühnenwirksamst formuliert. Schließlich

---

[52] R. W.: „Herrenmode. Thalia Theater", Dezember 1919.
[53] Kurt Kahl: „Herrenmode", Stuttgarter Zeitung, 9. 1. 1969.

seine brillante Technik — und da gibt es keinen Doppelpunkt mehr und keine Erläuterungsmöglichkeit... Da stoßen wir an ein Geheimnis, das Franz Molnár ins Grab mitgenommen hat.

11. NOSTALGIE UND IRONIE: „DER SCHWAN"

Der Krieg war aus.
Was bedeutete dieser weltgeschichtliche Einschnitt, die Auflösung der Monarchie im Leben und Schaffen von Molnár? Er bedeutete: Molnár Ferenc wurde immer mehr zum Franz Molnár. Seine östliche Herkunft ist nicht zu leugnen, er bekannte sich dazu, ein ungarischer Schriftsteller zu sein, doch er war ein Staatsbürger Österreich-Ungarns. Und nachdem das Völkermorden eine Pause eingelegt hatte (wenigstens bis zum nächsten Weltkrieg), war er bereits so sehr in die österreichische Bühnenliteratur integriert, daß die österreichische, also die westliche Linie in seiner vielschichtigen Persönlichkeit nicht verdorrte, wie zu erwarten gewesen wäre, sondern eher verstärkt nunmehr erst voll zur Geltung kam. Oft genug hatten ihn nationalistische Zeitungsschreiber einen Kosmopoliten geschimpft — jetzt sollte er ein Paradebeispiel des Kosmopolitismus werden. Da die politischen Verhältnisse sich geändert hatten, bedrückte ihn die Enge seines Heimatlandes; er war immer öfter und immer länger im Ausland, das immer weniger fremd für ihn war. Er war vielerorten berühmt, bewundert, beliebt, anerkannt, gern gesehen, er fühlte sich weltweit wohl, er war überall zu Hause.

Nach einem Zwischenspiel hatte es schon den Anschein, daß er seinem Geburtsland für immer den Rücken kehrt, doch diesmal war es noch nicht soweit. Das Intermezzo: Im Oktober 1918 brach in Ungarn die „Asternrevolution" aus, so benannt nach den Herbstblumen, die die Soldaten sich an die Mützen steckten. Es war eine bürgerliche Erhebung mit einem Grafen an der Spitze, so ist es durchaus zu verstehen, wenn Molnár einer unter

Schriftstellern war, die die siegreiche Revolution in einem Sammelband bejubelten. Daß er dann ein Anhänger der im März ausgerufenen Räterepublik geworden wäre, ist allerdings in Zweifel zu ziehen. Obwohl er in vielen seiner Stücke, angeführt vom „Liliom", ein Mitgefühl den Unterdrückten gegenüber bewies, vertrat er stets den Mittelstand, den Bürger schlechthin. Dennoch nahm er in der Proletardiktatur den Vorsitz des literarischen Vereins *Otthon* an.

Noch im selben Jahr kam es zur Gegenrevolution. Molnár verließ Ungarn und lebte eine Weile in Österreich und Deutschland. In ein paar Monaten hatte sich der mit Judenverfolgungen einhergehende „weiße Terror" gelegt, und der Dichter fuhr wieder in die engere Heimat.

Bekanntlich wurde der Admiral Nikolaus Horthy, ehemaliger Flügeladjutant des Kaisers Franz Joseph, 1920 zum Reichsverweser ernannt. Horthys Machtübernahme sollte also ein Interregnum sein, das Königreich war nicht abgeschafft worden — die Regierung unter Horthy nannte sich „ungarische-königliche Regierung". So konnte Ferenc Molnár sich seinen Erinnerungen an die Monarchie und ihrem Herrscherhaus hingeben.

Im Grunde seines Herzens war Molnár nämlich stets ein Anhänger der Monarchie gewesen, und er ist es auch geblieben, wenn er auch die Gründe zu verwischen trachtete, oder sich über diese niemals im klaren war. Aus seiner Emigrationszeit in Amerika wird erzählt, daß er oftmals an die francisco-josefinische Ära dachte. „Warum sollte meine Generation nicht königstreu gewesen sein?" pflegte er zu fragen „Waren wir doch zu jener Zeit zum ersten Mal verliebt, als der König auf dem Thron saß. Vielleicht hoffen wir, daß wir erneut lieben werden, von neuem trinkfest werden, aufs neue mächtig sein werden, wenn der Thron wieder besetzt wird."[54]

Das nächste Molnár-Stück war eines seiner gelungensten Komödien, satirisch und romantisch zugleich: „Der Schwan".

Prinz Albert, der Thronfolger, weilt seit drei Tagen als

---

[54] S. N. Behrmann, The New Yorker.

Gast im Hause der verwitweten Fürstin Beatrix. Sie möchte ihre Tochter Alexandra mit ihm verheiraten, aber er ist schüchtern und zeigt kein Interesse für das Mädchen. Um Albert eifersüchtig zu machen, läßt Beatrix den Hauslehrer Hans Agi am gleichen Tag zum Souper einladen.

Dieser junge Professor ist ein unterdrückter Mensch, zugleich ein romantischer Schwärmer. All dies geht aus einer poetischen Szene am Anfang des zweiten Aktes hervor, als er mit Alexandra allein bleibt:

Agi: Das Mißverständnis rührt daher, daß Hoheit, als ich das Sternbild des Adlers erklärte, gerade inmitten des Satzes aufstanden ... und so dachte ich, es sei meine Pflicht, ebenfalls aufzustehen und den Satz auf dem Wege zu beenden. Ich wollte sagen, daß jene sieben Sterne einen fliegenden Adler darstellen und der Kopf des Adlers ...

Alexandra: Hier stand ich auf.

Agi: Ja. Und ich bemerkte nicht, daß Sie vor mir flüchteten.

Alexandra: Das ist möglich. Sie sprachen nicht schön über die Sterne.

Agi: Ich schäme mich sehr, Hoheit.

Alexandra: Ich erwartete lauter Wunder und Geheimnisse zu hören, und Sie sprachen fortwährend nur von Millionen Kilometern und erklärten Systeme. Ich habe nicht gewußt, daß das Thema so trocken ist.

Agi: Von den Gefühlen, die der Anblick der Sterne in mir erweckt, habe ich nicht zu sprechen gewagt.

Alexandra: Das ... wäre vielleicht anregender gewesen.

Agi: Hinter den Millionenziffern der großen Entfernungen stehen meine Gedanken über Gott, über die Unendlichkeit, über Werden und Vergehen ... über das Leben ... (leise) über die Liebe ...

Alexandra: (kalt) So große Entfernungen können Sie sich vorstellen?

Agi: Wenn ich zu Ihnen aufblicke, Hoheit, ja.

(Pause)

Alexandra: (noch kälter) Und die Unendlichkeit?

Agi: Wenn ich in mich hinabschaue, Hoheit!

Ermutigt durch die Einladung enthüllt Agi dem blaublütigen Mädchen seine seit langem unterdrückte Liebe zu ihr. Sie teilt ihm schnippisch mit, daß seine Anwesenheit nur dem Zweck diene, Alberts Aufmerksamkeit und

Eifersucht zu wecken. Von Wein und Verbitterung erregt, gerät Agi in einen erhitzten Wortwechsel mit Albert. Fürstin Beatrix und ihre Schwester ergreifen verzweifelt die Flucht. Alexandra bleibt kurz mit Agi allein und verrät ihm, daß sie den Prinzen nicht liebe. Das Geständnis des Hauslehrers scheint seine Wirkung doch nicht verfehlt zu haben; sie behandelt ihn zärtlich und liebevoll. Die Unterhaltung wird von Albert unterbrochen, der durch das Zimmer geht und Agi einen „kleinen Zudringlichen" nennt. Mit einem leidenschaftlichen Kuß auf Agis Mund verhindert Alexandra den weiteren Wortwechsel. Albert geht beleidigt ab.

Am nächsten Tag trifft Alberts Mutter Maria Dominica ein, die für ihren Sohn um Alexandras Hand anhalten soll. Für Beatrix ist die Situation hoffnungslos, doch ihr Bruder, Pater Hyazinth, rettet die fürstliche Ehe. Er interpretiert Alexandras Kuß als eine edle Offenbarung des Mitleids mit einem mißbrauchten armen Teufel. Der königliche Sprößling akzeptiert diese Erklärung. Bevor Agi das Haus verläßt, küßt ihn auch der Thronfolger aus Mitleid. Jetzt kann Alexandra die Würde eines Schwans — wie sie von ihrer Mutter stets genannt wurde — durch die hohe Ehe aufrechterhalten. Sie wird weiterhin ein „Schwan sein... wenn der Mond auf dem Seespiegel glänzt, stolz dahingleiten... hoheitsvoll... Nur dahingleiten im blauen Lichte... und nicht ans Ufer gehen... Wenn der Schwan zu Fuß geht... wenn er am Ufer humpelt... dann ähnelt er wahrhaftig einem anderen Vogel."

Diese Worte, gesprochen von Fürstin Beatrix gegen Ende des Stückes, drücken auch die Symbolik des Titels aus. Alexandra darf den einfachen Mann aus dem Volk nicht heiraten, wenn sie mit hocherhobenem Haupt weiterleben will[55].

Der Molnárs monarchistische Gesinnung betreffend schon zitierte S. N. Behrmann sieht im „Schwan" das Anliegen des Bühnendichters folgendermaßen: „Molnárs Nostalgie nach der Monarchie gebar den Schwan." Nachdem

---

[55] George L. Nagy: „F. M.'s Stücke auf der deutschsprachigen Bühne".

er den Inhalt erzählt hat, setzt er seine Studie mit einem interessanten Vergleich fort: „Die Frau Mama empfindet gegenüber dem Lehrer genauso wie Professor Higgins im Pygmalion gegenüber Elisa — das heißt, sie hält die Gefühle der besagten Person überhaupt nicht für beachtenswert; eines ist nur wichtig: daß der Plan gelingen möge. Niemand hat je solch eine Szene ganz ohne menschliche Gefühle geschrieben wie Shaw im Dialog zwischen Higgins und dem Oberst Pickering, als sie mit Elisa vom Ball heimkehren. Sie reden über die erfolgreiche Vorstellung des Mädchens, als sei dieselbe gar nicht anwesend. Molnárs Prinzessin ist viel menschlicher. Als sie der Träne in den Augen des ‚Versuchskaninchens' gewahr wird, wischt sie diese ab und gesteht dem jungen Mann alles. Sie liebt den Lehrer und jener erwidert ihre Liebe. Der Vorhang am Ende des zweiten Aktes senkt sich während ihres Kusses. Dieser Kuß ist auch Molnárs Kuß auf die Stirne der Prinzessin, die von Liebe genauso entflammt wurde wie die bürgerlichen Freunde des Schriftstellers."[56]

Nun, Freunden des Schriftstellers war mehr bekannt: Die Grundidee soll auf ein persönliches Erlebnis Molnárs mit der Komtesse Katinka, der Tochter einer alten ungarischen adeligen Familie, zurückgehen. Katinka wollte den für sie auserwählten österreichischen Prinzen nicht heiraten, weil sie in den Dichter verliebt war. Erst die Familie brachte sie mit der Enthüllung von Molnárs jüdischer Abstammung zur Räson. Da heiratete sie den Prinzen[57].

Seit der Uraufführung im Lustspieltheater in Budapest am 18. Dezember 1920, spätestens jedoch seit der deutschsprachigen Erstaufführung am Wiener Burgtheater am 24. März 1921, hört die Meinungsverschiedenheit der Kritiker über dieses unaufhaltsam erfolgreiche Molnár-Werk nicht auf. Die einen wollen aus ihm die Verurteilung des aristokratischen Dünkels herausgehört haben, die anderen geben sich nicht zufrieden mit dieser

---

[56] S. N. Behrmann, The New Yorker.

[57] Emeric Roboz: „Die Geschichte eines Bühnenerfolges", Neues Österreich. 7. 5. 1961.

nostalgischen Verniedlichung. Ein paar Kostproben aus den Rezensionen:

„Molnárs Ironie und Satire ist nicht beißend, er beleidigt weder die Monarchisten, noch die Demokraten. Am Ende befriedigt er niemanden, doch verletzt er auch niemanden."[58]

„Molnár hat ein sehr aktuelles Thema bearbeitet, nämlich den Mißbrauch des Menschen. Zeitgemäß ist auch der spürbare Protest gegen die Vorurteile der sozialen Herkunft und des Standes."[59]

„An Franz Molnár ist ein Dichter verlorengegangen, aber dafür hat das Boulevardtheater einen Autor gewonnen, der mehr ist, als er scheint. Molnár verbirgt hinter Zynismus Güte, die gelegentlich in Sentimentalität umschlägt, er ist ein literarischer Tiefstapler[60]."

„Er durfte über die Intrigen im Kreis der Hocharistokratie lächeln und mitunter bissig grinsen, doch auch der kritische Geist konnte nicht umhin, eine Traumwelt zu schaffen. In ihr bewegten sich Leute, die zuweilen verrückt schienen, obwohl sie nur der Zeit entrückt waren. ‚Der Schwan' ist, Lustspielform, die Abrechnung des Großbürgertums mit dem Hochadel. Doch wärend die Bourgeoisie über die Merkwürdigkeiten der Hofgesellschaft verächtlich lacht, sehnt sie sich zugleich nach einem Anteil an jenem gerade erst verspotteten Lebensstil. Die Abrechnung endet mit einem wehmütigen Seufzer."[61]

Schließlich geben wir einem Molnár-Schüler in der Emigration, nämlich Friedrich Torberg, Raum. Was er über Stück und Autor zu sagen hat, drückt er in einem Stil aus, der seinem Meister nacheifert:

„Die junge Prinzessin Alexandra hieß in ihrer Kindheit ‚Xixi', seit sie über zwanzig ist, wird sie ‚Xaxa' gerufen —

---

[58] „Burgtheater", Neue Freie Presse, 25. 3. 1921.
[59] Karl Maria Grimme: „Klugheit des Herzens", Neue Wiener Tageszeitung, 6. 5. 1950.
[60] Kurt Kahl: „Ein Königreich für einen Schwan", Arbeiter-Zeitung, 15. 5. 1955.
[61] György Sebestyén: „Der Erzieher und die Prinzessin", Salzburger Nachrichten, 22. 6. 1975.

Der Schwan 73

und wenn das ohne Heirat so weitergeht, werden wir sie noch ‚Xoxo' nennen müssen. Ihr verstorbener Papa hat ihr jedoch den Kosenamen ‚Schwan' gegeben, weil sie den Kopf hochträgt und im wohlgepflegten Teich ihre unnahbaren Kreise zieht.

Zu gutem Teil gilt diese Parabel vom Schwan auch für Franz Molnárs gleichnamige Komödie, ja nicht nur für sie, sondern für fast alle, die er geschrieben hat. Die Teiche, in denen er seine Kreise zieht, sind desgleichen wohlgepflegt und die Kreise desgleichen unnahbar: ihrem Zentrum (dem sogenannten ‚Einfall') kommen seine Zeitgenossen nicht in die Nähe. Freilich, wenn er ab und zu den Kopf unter die Oberfläche taucht, tut er das nicht der graziösen Bewegung halber, sondern um die Flügeltiere, die seinen Gesellschaftsteich bevölkern, in den Hintern zu beißen. Und wenn sie dann auf komische Art ihr Gefieder sträuben oder entlarvend zu schnattern beginnen, hat er seine rechte Freude dran.

Da er jedoch ein ungarischer Schwan ist, taucht er sogleich wieder hoch und tut, als wäre nichts geschehen oder als wäre das Ganze nur ein Spaß gewesen. Aber uns kann er nicht täuschen. Wir kennen ihn. Wir wissen, daß er nicht von ungefähr zubeißt, daß es kein bloßer Spaß ist, den er uns vorführt, kein seichtes Wasser, auf dem er einherschwimmt. Bis zu Molnárs 150. Todestag wird sich längst herumgesprochen haben, daß dieser genialisch zwinkernde, von allen europäischen Säften gespeiste und mit allen magyarischen Salben geschmierte Bühnenmagier weit mehr gewesen ist als bloß ein Meister seines Fachs und Handwerks; daß all die stehenden Figuren, mit denen er operiert, daß Prinz und Prinzeßchen, Offizier und Bürgersmann, Dichter und Schauspielerin nur autochthone Typen seiner eigenen Commedia dell'arte sind, wie es zuvor Pantalone und Dottore, Brighella und Arlecchino und Colombine waren; daß sie keinen soziologischen oder zeitkritischen Ehrgeiz haben, sondern durchaus menschlichen; und daß eben darum in diesen scheinbar so leicht und locker geknüpften und entwirrten Komödien weit gültigere Gesellschaftsironie und Lebensweisheit steckt, als in den mühsamen Produkten der bärtigen Tiefschürfer — ganz zu schweigen von den Theaterrezensenten ähnlicher Observanz, die über ihre literarisch gerümpfte Nase hinweg nichts weiter zu sehen vermögen als die Einkleidung, in der das Spiel sich darbietet: worauf sie die von Mal zu Mal gewaltigere Entdeckung machen, daß dergleichen ja gar nicht mehr getragen wird. Als ob es darauf ankäme. Als ob die Existenz der zwei Königskinder, die zusammen nicht kommen konnten, weil das Wasser viel zu tief war, von der monarchischen Staatsform abhinge.

Die wirklichen Standesunterschiede liegen nämlich in uns selbst, und wer sie für ‚überholt' hält, der verwechselt den Schutzumschlag mit dem Buch, dem haftet eben jener Defekt an, den er an Molnár tadelt: Oberflächlichkeit. Ach ja, gewiß, wenn im zweiten Akt des „Schwan" die Prinzessin und der Hauslehrer aus ihrer gestellten Liebeskomödie ausbrechen und für ein paar Minuten einander allein gegenüberstehen, so könnte es auch der Beginn eines Operettenfinales sein. Aber da sagt die Prinzessin: ‚Ich möchte jetzt wahnsinnig rasch alles von Ihnen wissen' — und im gleichen Augenblick ist es eine ganz echte Liebesszene, im gleichen Augenblick ist der fliegende Pulsschlag und das gierige Drängen sämtlicher Liebesszenen, denen jemals von außen her ein gewaltsames Ende gedroht hat, in dieser einen Szene eingefangen. Weil sie nämlich von Franz Molnár ist. Und weil Franz Molnár nämlich keine Operetten geschrieben hat, sondern, unter anderem, ‚Liliom' und ‚Die Jungen der Paulstraße'. Falls das noch eigens gesagt werden muß. Zu dumm."[62]

Als eine der bekanntesten Komödien des Dichters ging „Der Schwan" selbstredend über die Bühne der gesamten zivilisierten Welt. In Amerika, wo er 1923 am New Yorker Broadway herauskam und 255 Aufführungen erlebte, zählt er zu den drei meistgespielten Molnár-Werken.

Sogar in Ungarn wurde die Aristokratengeschichte seit dem Krieg in sechs verschiedenen Inszenierungen wiederaufgeführt.

---

[62] Friedrich Torberg: „Ein ungarischer Schwan", Programmheft Josefstadt, 1975.

Eigentlich ist es erstaunlich, daß der sehenswerte Stoff, als ausstattungsfreudiger Augenschmaus besonders geeignet, nicht mehr als nur dreimal verfilmt wurde. 1925 spielte unter der Regie von Dimitri Buchowzki Francis Howard die Prinzessin, Ricardo Cortez den Hauslehrer und Adolphe Menjou den Prinzen. Das Remake im Jahre 1930, von Paul Stein inszeniert, trug den Titel „One Romantic night". Der 1956 gedrehte Hollywoodfilm, von Molnárs Landsmann Charles Vidor in Szene gesetzt, mit Grace Kelly als Alexandra und Alec Guiness als Prinz Albert, wurde zum Ereignis. Daß das Schicksal mitspielte und die Hauptdarstellerin zur wirklichen Herrscherin auserkor — die amerikanische Schauspielerin bestieg bekanntlich als Fürstin Gracia Patricia den Herrscherthron von Monaco —, sorgte nachträglich dafür, daß der Film nie wieder in Vergessenheit geriet.

Diese Geschichte hatte es anscheinend in sich — auch Franz Molnár hatte seinem „Schwan" die bedeutendste Auszeichnung seines Lebens zu verdanken. Im Jahre 1927, nach der triumphalen Aufführung der Komödie im Pariser Odéon, wurde er zum Kommandeur der Ehrenlegion ernannt.

12. „THEATER" — DREI EINAKTER

József Keszler, anerkannter Theaterkritiker, hatte noch dem jungen Ferenc Molnár den Rat gegeben, er solle nie mehr als ein Bühnenstück pro Jahr schreiben, um sich nicht abzunützen. Wie aus dem bisherigen ersichtlich, ist der gutgemeinte Ratschlag auch weitgehendst befolgt worden: es gab im Durchschnitt nur alle zwei Jahre einen neuen Molnár. Der 22. Oktober 1921 bedeutete so etwas wie eine Ausnahme. Ein Jahr nach dem „Schwan" präsentierte Molnár im Magyar Szinház gleich drei neue Einakter an einem Abend. Sammeltitel der Kurzstücke war „Theater".

Das erste heißt „Vorspiel zu König Lear". Eine Stunde vor der Aufführung der Shakespeare-Tragödie stürzt der Schauspieler Bánáti auf die Bühne. Er wird von einem eifersüchtigen Ehemann, dem Literaturprofessor Dr. Ernö, verfolgt. Der Komödiant legt Lears Kostüm und Maske an. Der inzwischen vorgelassene Ehemann kann, von der Macht des Scheins überwältigt, keinen Verführer in dem edlen, weisen, alten König sehen, obwohl er den Künstler vor kurzem beobachtet hatte, wie jener aus dem Küchenfenster seiner Frau gesprungen war. Die Debatte der beiden ist überwältigend komisch. Der Gatte redet in der alltäglichen Umgangssprache, der Schauspieler mißbraucht die gehobene dichterische Sprache der Shakespeare-Rolle, mit all ihrer blitzenden, donnernden Phraseologie. Der Zauber des Theaters siegt über die Wirklichkeit. Das Ende ist abzusehen. Der Autor würde sich mit dieser Anekdote begnügen, nicht so der Dichter — Molnár nimmt die Gelegenheit wahr, den Schauspieler über seinen Beruf beichten zu lassen. „Schauen Sie mein Herr", sagt der Gaukler an einer Stelle zum Professor „ich habe andauernd aus der Seele eines anderen zu sprechen, von Jahr zu Jahr. Sooft ich meinen Mund aufmache, ist meine Seele zur Stelle, um etwas zu sagen... und auf einmal wird sie von Shakespeare zurechtgewiesen — Psst, jetzt rede ich! — dann wird sie von Moliére zurückgestoßen, von Madách, von Bernard Shaw... Immer, wenn ich dastehe, vor Fieber brenne und mir die Augen glänzen, und mein Haupt erhebe, und meine Seele ausschütten möchte, immer spricht jemand anderer aus mir. So zieht sich diese kleine Seele von einem beleidigt zurück, tritt gar nicht mehr in Erscheinung, schmollt und wird alt. Es ist schon sehr schwer, sie aus ihrem Versteck herauszulocken, mein Bester! Und sehen Sie, mit diesem Geständnis ist nun auch dieser schöne Königsmantel von mir gefallen..." Wie erwartet, redet sich der schlaue Schauspieler dennoch aus der Schlinge. Der Gatte glaubt dem „ehrlichen Greis". Romeos Maske hätte nicht so auf ihn gewirkt. Er entfernt sich am Arm seiner Gattin. Der diensthabende Feuerwehrmann — noch ein brillanter Einfall von Molnár — kommentiert das Geschehen in Blankversen, in Jamben. Die Vorstellung des „König Lear" kann beginnen.

„Feldmarschall" betitelt sich der zweite Einakter. Der 60jährige Baron San Friano lädt eine Gruppe von Freunden auf sein Jagdschloß ein. Litvay, 30jähriger Schauspieler, kommt einen Tag früher an, weil er mit Edith, der schönen jungen Frau des Hausherrn, einige intime Stunden zu verbringen hofft. Der Baron ahnt, daß sein Gast seine Ehe gefährdet, da er auch um die Zuneigung seiner Frau für den Künstler weiß. Er deutet Edith gegenüber an, er beabsichtige, Litvay während der Jagd zu erschießen. Der Schauspieler erfährt davon, klagt über eine Erkältung und sagt die Teilnahme an der Jagd ab. Nun holt der Baron sein englisches Gewehr, ein Prachtstück, hervor, das er „Feldmarschall" getauft hatte. Diese Waffe soll einen eigenen Willen besitzen, so behauptet er. Plötzlich knallt es und Litvay ist an der Schulter getroffen. Der Baron leugnet, daß er seinen Rivalen erschießen wollte. Im kritischen Augenblick, in dem Litvay alllein auf die moralische Hilfe Ediths angewiesen ist, ergreift die Treulose Partei für ihren Mann. Um seinen „Gastgebern" keinen Triumph zu gönnen, spielt Litvay ihnen die Komödie vor, er habe den Verwundeten nur gemimt, um das wahre Gesicht seiner Freunde zu enthüllen. Heimlich vertraut er dem Arzt an, daß ihn die Kugel tatsächlich getroffen habe und bittet, sofort ins Krankenhaus gebracht zu werden. Beim Abschied sind sich alle einig, er habe den Verwundeten sehr überzeugend gespielt.

Der dritte Einakter: „Das Veilchen". Der Theaterdirektor sucht weiblichen Nachwuchs für den Chor. Bei der Vorsprache versuchen alle Mädchen ihre Chancen durch Liebesangebote zu verbessern. Der Direktor, mit dem wir es hier zu tun haben, sehnt sich jedoch nach echten Begabungen für seine Bühne, nicht nach Liebesabenteuern. Deshalb lehnt er eine Schönheit nach der anderen ab. Ein zufällig anwesender junger Komponist schließt mit dem Direktor eine Wette ab, daß ihm die Mädchen keine unmoralischen Angebote machen würden. Der Direktor setzt ihn auf den Direktionssessel und verwandelt sich in den Bürodiener. Das nächste Mädchen (Ilonka) versucht es auch mit der gleichen Methode. Zu ihrer Bestürzung wird ihr Anbiedern vom vermeintlichen Direktor mit feuriger Leidenschaft erwidert. Als der Komponist kurz die Szene verläßt, weiht Ilonka den „Diener" ein: sie haßt sämtliche Theaterdirektoren, weil sie alle nur das eine wollen. Schließlich wird die Kleine vom Charme des Dieners betört, und es entspinnt sich ihrerseits ein Flirt mit dem Mann. Die Maske fällt, sie erfährt enttäuscht, daß sie dem echten Direktor gegenübersteht. Zur Versöhnung bekommt sie doch noch für ihre Aufrichtigkeit eine bescheidene Rolle.

Diese drei Genieblitze Molnárs wurden in seinem dramatischen Schaffen weit unterschätzt. Wahrscheinlich liegt dies einfach an dem Vorurteil, das man Einaktern gegenüber in aller Welt hegt.

Die deutschsprachige Erstaufführung des „Vorspiels" am 16. Februar 1922 am Burgtheater, mit Otto Treßler in der Hauptrolle, wurde von der Kritik als Faschingsspaß abgetan. Der „Feldmarschall" kam auch nicht viel besser weg; in der Neuen Freien Presse hieß es im Premierenbericht: „... Sudermannisch beginnend, im weiteren Verlauf Schnitzlerisch überfeinert, zuletzt Molnárisch überklügelt."[63] „Das Veilchen", erst im März 1927 ebenfalls am Burgtheater zu deutschsprachigen Erstaufführungsehren gelangt, war eine Paraderolle der beliebten Alma Seidler. 1964 machte Elfriede Ott als Ilonka in den Wiener Kammerspielen Furore. Zuletzt verkörperte Dolores Schmidinger diese dankbare Bühnenfigur (Theater in der Josefstadt, Premiere 22. 12. 1983).

In den anderen Medien durchlief der „Feldmarschall" die größte Karriere. Die Geschichte, die übrigens auf einer wahren Begebenheit beruhte (Molnárs Freund, der Kavallerieoffizier Zoltán Thomka, hatte sie in seiner Jugend erlebt, der Autor machte dann aus dem Husaren einen Schauspieler...), wurde in Hollywood während des Zweiten Weltkriegs in einen Film, der aus mehreren Geschichten bestand, als eine Episode eingebaut. Den Gastgeber spielte Thomas Mitchell, den Schauspieler gab

---

[63] Neue Freie Presse: 17. 2. 1922.

Charles Boyer. 1960 wurde eine Fernsehspielversion von Billy Rose unter dem Titel „If you can act — act" mit Lee Tracy als Litvay in New York ausgestrahlt.

Gerade anhand dieser Dreiakter, vornehmlich des Vorspiels zu König Lear, findet der ungarische Kritikerpapst Aurel Kárpáti, der bis zu seinem Tod als glühendster Anhänger Ferenc Molnárs galt, Worte der Anerkennung und wieder einmal notwendige Rechtfertigung für den unaufhörlich angegriffenen Bühnendichter: „Molnár liebt es, den Bogen bis zum Äußersten zu spannen, die Hürden vor sich zu vermehren, dem Zuschauer den Atem zu rauben. Er hat eine Art ursprüngliche artistische Neigung, die er stets ehrlich verantwortet und zur Geltung bringt, als berufliche Bravour des überlegenen Künstlers. Viele pflegen ihm dies übel zu nehmen. Dabei haben sie unrecht, denn den wahren Meister der Komödie charakterisiert gerade, daß er niemals auch nur eine sich bietende komödiantische Gelegenheit ausläßt. Er spielt nicht nur mit dem Thema, dem Schauspieler, der Bühne und dem Publikum, sondern manchmal auch mit sich selbst. —

Voilá! — es ist nichts passiert, es ist alles gut gegangen!"[64]

---

[64] Aurel Kárpáti: „Molnár Ferenc — Mozaik", Budapest.

13. ZWEITE UND DRITTE EHE, „HIMMLISCHE UND IRDISCHE LIEBE" UND „DIE ROTE MÜHLE"

Die beiden nächsten Stücke zeigen einen neuen Charakter. Es sind Experimente, die mit seinem sehr bewegten Privatleben zusammenhängen. Bereits 1918 hatte er die damals 16jährige angehende Schauspielerin Lili Darvas kennengelernt. Einige Tage vor der Premiere seines Fünfakters „Himmlische und irdische Liebe", in dem die Darvas die Hauptrolle spielte, machte er ihr einen Heiratsantrag. Man schrieb allerdings schon das Datum Oktober 1922. Zur Verwunderung des Publikums heiratete aber Molnár seine langjährige Geliebte Sári Fedák. Er fühlte sich verpflichtet, ihr seinen Namen geben zu müssen. Die Künstlerwelt wußte Bescheid: es sollte nur eine Ehe auf Zeit werden, wonach man sich sofort scheiden lassen würde. Budapest nannte diese Eheschließung ganz im molnárschen Bonmot-Stil „Abschiedshochzeit". Doch bei der Einleitung des Scheidungsbegehrens biß Molnár auf Granit — nach der Scheidung, die erst 1925 ausgesprochen wurde, mußte der Schriftsteller nicht weniger als 80.000 Pengö, das waren damals 30.000 Dollar, an Abfindung zahlen. Im selben Jahr zog Molnár mit Lili Darvas, die eine der seltenen zweisprachigen Bühnenkünstlerinnen und unter Reinhardt Mitglied des Ensembles des Theaters in der Josefstadt war, nach Wien. Das Paar wohnte im Hotel Imperial. Um durch eine feine Adresse zu repräsentieren und doch nach Möglichkeit sparsam zu bleiben, war es nämlich Molnárs Maxime, in jeder Stadt im vornehmsten Hotel zu wohnen, aber im kleinsten Zimmer. Am 9. Juli 1926 fand die Hochzeit Molnár – Darvas statt.

Das Schauspiel „Himmlische und irdische Liebe" erlebte also am 3. November 1922 seine Uraufführung im Magyar Szinház in Budapest. Darin unternimmt ein 17jähriges Mädchen einen Selbstmordversuch. Dadurch erhofft sie sich, daß der begehrte Mann, von Schmerz, Trauer und Mitgefühl überwältigt, endlich seine Liebe zu ihr bekennt. Ihr Wunsch erfüllt sich jedoch nicht. Sie verliert den Jüngling, mit ihm den Sinn ihres Lebens. Nach den mehr oder weniger realistischen ersten zwei Akten ist das weitere eine einzige Apotheose. Sie springt aus dem Turmfenster, um zu den Sternen zu schweben. Der Todessprung wird Ausgangspunkt zu einem Spiel der Phantasie. Die Heldin bewegt sich in einem irrealen Raum, es ist ein körperloses Fliegen. Um sie herum erscheinen symbolische Gestalten, die eine dichterische Sprache sprechen.

Dem Werk, dessen Idee auf Molnárs früheren Roman „Ein herrenloser Kahn" zurückging, war kein Erfolg beschieden. Molnár-Schwärmer Aurel Kárpáti blieb allein auf weiter Flur, als er meinte: „... selten und außerordentlich sympathisch ist jene Geste, mit welcher der Schriftsteller auf dem Gipfel seiner Welterfolge der Gefahr seines eigenen Akademismus die Stirn bietet. Er will nicht zum Denkmal seiner selbst erstarren. Er schüttelt sogar die selbsterschaffenen Formeln, das Maß sicherer und erprobter Wirkungen ab, und schafft etwas anderes. Mehr, neueres als bisher. Ist dies wohl ein sich Zurückwenden, Nostalgie nach jener reinen Dichtung, die aus dem Liliom strömt, oder ein Einschwenken zu neuen Wegen? Fast einerlei. Die Geste selbst weiht diese Aufführung zu einem denkwürdigen Datum."[65]

„Die rote Mühle" war Franz Molnárs einziger Ausflug in den Expressionismus. Der Titel ist die Bezeichnung einer Maschine, an der die höllischen Mächte seit einer halben Million Jahre werken. Der Zweck des Apparates: die Menschen zu verderben. Oben wirft man einen anständigen Menschen hinein und eine Stunde später fällt unten das zu einem Schurken zermahlene Subjekt heraus. Die Suche nach einem einwandfreien Charakter ist gar nicht leicht. Frauen kommen ohnehin nicht in Frage — „ein Weib verderben hieße: Salz salzen..." läßt Franz Molnár, im Leben ein Anbeter des weiblichen Geschlechtes, in seinen Werken ein Frauenverächter, seine geringschätzige Meinung über alle Evastöchter wieder einmal zum Ausdruck kommen —, doch auch unter den Män-

---

[65] Aurel Kárpáti: „Molnár Ferenc — Mosaik", Budapest.

nern überwiegen die Schufte. Der junge Förster János entspricht zu guter Letzt den Anforderungen. Zwei Teufel holen ihn ab und schleppen ihn zur Hölle. Die Handlung spielt von hier an auf simultanen Schauplätzen.

Die rote Mühle wird in Gang gesetzt. Mima, die zur Sünde verlockende, Zerstörung verbreitende Ausgeburt der Hölle, tritt auf. Kein Wort mehr von Eva, es ist Lilith in Person. Jedesmal, wenn János sich dem Laster ergibt, ertönt das „Gemeinheits-Signal". In den ersten 15 Minuten hat János bereits gelogen, Ehebruch begangen, auf einen Menschen geschossen, sein Weib verlassen und sein Kind verleugnet. Die Teufel jubeln, seine Majestät Rex Infernus ist entzückt.

János sündigt weiter als Hochstapler, als Politiker, als Heiratsschwindler. Mima plant einen Mordanschlag auf ihn. Er deckt den Plan auf und will sie der Gerechtigkeit ausliefern. Erst als Mima ihm mitteilt, sie habe einmal eine gepreßte Blume aus ihrem Gebetbuch an János' Mutter gesandt, erbarmt er sich ihrer. Er wiederholt dreimal, Mima verziehen zu haben. Die rote Mühle zerfällt und geht in Flammen auf.

Die Idee der Höllenmaschine hatte Molnár vermutlich Franz Kafka („In der Strafkolonie"), den Aufbau mit den zusammenhanglosen Szenen in rascher Folge Strindbergs Stationendramen nachempfunden. Der Name der Mima war aus dem Lateinischen übernommen worden (Mimin = Komödiantin), die der Teufel aus Dantes „Inferno".

In der ungarischen Uraufführung im Magyar Sinház am 9. Oktobert 1923 spielte Lili Darvas die Mima, am Burgtheater (30. Januar 1924) war Ida Roland die Protagonistin. Die Kritik in Wien hatte diesmal weniger Lob parat für ihren Lieblingsautor. Die Neue Freie Presse schrieb: „Das Gemeinheitssignal hat zu oft getönt, als daß man das Glockengeläut am Schlusse und dieses getrocknete Veilchen noch glauben könnte. Das Ethische ist bei ihm nur eine Kulisse, eine vierte Dimension, die er in seine theatertechnisch einwandfreie Konstruktion einbezieht und an die er glauben machen möchte, ohne selbst daran zu glauben. An diesem Punkte aber setzt sich der drei Stunden lang erlustigte Zuschauer zum erstenmal ernsthaft zur Wehr."[66]

Obwohl das „ausgefallene" Molnár-Drama seinen Weg nach Amerika gefunden hat (1928, 180 Aufführungen am Broadway), wurde es zum Beispiel in Deutschland niemals aufgeführt. Die Ursache liegt offenbar in den enormen Kosten, die dieses Stück erfordert und nicht wert ist. In Budapest kostete die Ausstattung 75 Millionen Kronen, welche zu einem Großteil die 40 (!) Dekorationen verschlangen.

14. „DER GLÄSERNE PANTOFFEL"

Das von dem Kritiker und Molnár-Verehrer Aurel Kárpáti als „Scherzo" bezeichnete Lustspiel „Der gläserne Pantoffel" war ein Rückgriff auf die Welt des Liliom. Es spielte zwar nicht im Stadtwäldchen, sondern im kleinbürgerlichen achten Budapester Gemeindebezirk, doch befaßt es sich ebenso mit den Sorgen, Nöten, Freuden und Träumen der einfachen Leute, und es hat ebenfalls etwas Märchenhaftes. Die 19jährige Waise Irma verkörpert das Aschenputtel von heute. Genauer genommen von gestern. Die Uraufführung fand am 15. November 1924 im Lustspieltheater mit der Darvas in der Hauptrolle statt.

Irma ist Dienstmagd in der Pension ihrer Verwandten Adele, die zehn Jahre zuvor selbst Dienstmädchen in einem gräflichen Haus gewesen war. Als Mätresse des Aristokratensohnes konnte sie eine große Summe ersparen und sich damit eine Pension kaufen. Dort logieren kostenlos der 48jährige Möbelzeichner Sipos und der 23jährige Juweliergehilfe Kaiser, mit dem Adele gegenwärtig eine neue Liaison unterhält. Sie weiß, daß sie von dem Mitgiftjäger nicht ernst genommen wird, denn er ist um 13 Jahre jünger als sie. Sie beabsichtigt infolgedessen, Sipos so schnell wie möglich zu ehelichen und sich von dem

---

[66] R. A.: „Burgtheater", Neue Freie Presse, 31. 1. 1924.

jungen Mann, in den sie wirklich vernarrt ist, loszusagen. Sie hat aber nicht mit Irma gerechnet, die seit einiger Zeit selbst ihre Liebe zu Sipos entdeckt hat. Kurz vor der geplanten Hochzeit Sipos' mit der Chefin belauscht sie ein Gespräch zwischen Adele und Kaiser und erfährt daraus, daß die beiden noch immer ein Verhältnis haben. Das ohnehin stets „überdrehte" Mädel, das meistens so redet, wie ihr der Schnabel gewachsen ist, trinkt sich diesmal noch Mut an, und plappert vor den versammelten Hochzeitsgästen alles aus. Es gibt einen Skandal. Irma verschwindet bei strömendem Regen in die dunkle Nacht.

Sie sucht Aufnahme in einem Freudenhaus, wird jedoch abgewiesen. Vom Polizeiarzt aufs Revier gebracht, erzählt sie über ihre unglückliche Liebe.

Die Hochzeitsgäste werden am nächsten Morgen zur Polizei vorgeladen, wo sie sich Irmas bitteres Bekenntnis anhören müssen. Sipos läßt sich von Adele scheiden, zieht aus und heiratet Irma. Kaiser kann nun sein Zimmer in der Pension übernehmen.

George L. Nagy wertet das Lustspiel wie folgt: „Der gläserne Pantoffel ist eine Rückkehr zu naturalistisch gewürzter Romantik, die sich in Liliom fünfzehn Jahre früher erfolgreich durchgesetzt hatte. Eine übermäßig brutale Umwelt wird mit der einfältigen Zärtlichkeit und Sinnlichkeit der Heldin kontrastiert. Der Mann ihrer Träume ist ein bejahrter, verdrossener, nach Tabak riechender und ziemlich beschränkter Zimmerherr, doch für sie ist er der Märchenprinz, von dem sie schließlich tatsächlich gerettet wird. Der Ehrlichkeit und Echtheit ihrer Gefühle stehen Lügen, kaltes Raffinement und Scheinheiligkeit gegenüber. Diese scharfen Gegensätze rufen beim Zuschauer eine in Rührung mündende Katharsis hervor."[67]

Die deutschsprachige Erstaufführung am 19. September 1924 im Wiener Deutschen Volkstheater fiel durch. Nach nur acht Vorstellungen wurde das Stück abgesetzt. Die Kritiken waren einmütig schlecht. Das Neue Wiener Tagblatt anerkannte zwar: „Das Stück enthält einige bril-

---

[67] George L. Nagy: „F. M.'s Stücke auf der deutschsprachigen Bühne".

lante Skizzen und Situationen von ergötzlicher Beobachtungsgabe und Volkshumor", bemängelt aber die Handlungsarmut[68]. Die Neue Freie Presse hingegen kritisiert die Darstellung Irmas: „Sie badet in einer Regentonne im Hof, spricht den Tischler mit ‚mein Pilot' an, reicht einer Katze ihre Brust, nennt einen Buben, der Hans heißt, permanent Lili, spricht gern in selbstgemachten Versen und sagt, ihr Lieblingsdichter hieße mit dem Vornamen Shakespeare und mit dem Nachnamen Zyklus. Das ist ein bißchen peinlich."[69]

Vier Tage später — wie wir laufend beobachten können, folgen Molnár-Premieren jeweils in kurzen Abständen aufeinander — veranstaltet das Berliner Theater am Kurfürstendamm sozusagen ein Künstlerfest: Max Pallenberg spielt den Sipos, Käthe Dorsch die Irma und Adele Sandrock die Adele. Nach dem zweiten Akt dankt das Publikum den vor dem Vorhang erscheinenden Autor mit stürmischem Applaus. Die Kritiker nehmen aber den Erfolg nicht zur Kenntnis; sie schreiben ihn ausschließlich den schauspielerischen Leistungen zu.

Wie stark Publikumsgeschmack sich verändert (allerdings auch Kritikergunst!), beweist die Reaktion der Wiener Aufführung um genau 40 Jahre später. 1965 inszenierte Erik Frey den „Gläsernen Pantoffel" mit der Debütantin Marianne Nentwich, Kurt Heintel und Grete Zimmer in den drei Hauptpartien. Nicht nur der Beifall des Publikums machte die Wiederaufführung dieses Stückes zu einem der größten Erfolge jener Saison — auch die Kritik war fast einhellig positiv, ja geradezu begeistert. Das Volksblatt verglich Franz Molnár mit Tennessee Williams[70]. Elisabeth Pablé nannte ihn „den österreichischsten unter den österreichischen Dichtern"[71].

Der Vergleich der beiden letzten Aufführungen des Stückes gibt Anlaß zu einer anderen Beobachtung: wie

---

[68] Helene Tuschak im Neuen Wiener Tagblatt, 20. 9. 1925.
[69] E. Lux in der Neuen Freien Presse, 22. 9. 1925.
[70] Dr. Jürg im Volksblatt, 29. 1. 1965.
[71] Elisabeth Pablé: „Das Handwerk hat gläsernen Boden", Illustrierte Kronen-Zeitung, 29. 1. 1965.

verschieden die Auffassungen von ein und derselben Rolle sein können. In den siebziger Jahren gab im Budapester Vigszinház, also im ehemaligen Molnár-Haus, die blutjunge Vera Papp, damals noch Schauspielschülerin, die Irma übermütig, spinnend, gleichsam wie in ständiger Sektlaune. Die ebenfalls am Anfang ihrer Laufbahn stehende, äußerst begabte Ulli Maier sah Irma in der Volkstheaterreprise 1981 leicht debil, zurückgeblieben, nicht richtig im Kopf. Keine der beiden Rollenauslegungen veränderte das Stück. Es ging beide Male entschieden erfolgreich über die Bretter.

15. EIN EINAKTER, EIN ZWEIAKTER: „NACHSPIEL ZUR OPERETTE" UND „RIVIERA"

Der Einakter „Stilleben", in Deutschland in „Nachspiel zur Operette" umbetitelt und mit Einaktern aus dem „Theater"-Zyklus vermischt aufgeführt, behandelt wieder einmal das Motiv der Eifersucht zwischen einem Schauspieler und einer Schauspielerin. Sie heißen Kövary (den Namen seines Freundes, des Schauspielers Julius Kövary benützt Molnár übrigens auch in seinem Lustspiel „Herrenmode") und Sárközi.
Diese Aufführung — Premiere: 28. Februar 1925 im Vigszinház — fällt bereits in jene Zeit, in der Molnár sich entschlossen hatte, vorwiegend in Wien zu leben. Je internationaler sein Ruhm und zugleich seine Person wurden, desto mehr Neid bekam er daheim zu spüren. Das Los der überdurchschnittlichen, nicht einzuordnenden Begabungen ereilte ihn: die Konservativen hielten ihn für zu modernistisch, die Linken für extrem bürgerlich. Grobe Angriffe in der Presse waren an der Tagesordnung. Andor Gábor, einst Operettenliedtexter von Emerich Kálmán, ab der Räterepublik revolutionärer Kommunist geblieben, greift ihn sogar aus dem Untergrund an. Er wirft Molnár nicht weniger als Prostitution vor. Dabei ist das selbstironische Bonmot Franz Molnárs, mit dem er auf die Frage antwortete, warum er schreibe, erst viel späte-

ren Datums: „Ich mach's wie eine Prostituierte. Zuerst habe ich damit angefangen, weil es mir Spaß gemacht hat, dann habe ich es fortgesetzt, weil andere daran Freude gefunden haben, jetzt mache ich es nur noch des Geldes wegen..."[72]

Dem Einakter folgte ein Zweiakter, eine Seltenheit bei Molnár. „Riviera" wird für eines seiner schwächsten Stücke gehalten.

Der Warenhausverkäufer Misch dekoriert die Auslage. Seine Geliebte Luise vertraut ihm an, daß der Chef, der allmächtige Azela, nebenbei Mischs ehemaliger Schulkamerad, ihr ein Angebot gemacht habe, mit ihm am nächsten Morgen an die Riviera zu fahren. Sie wohnt in dürftigen Verhältnissen und leidet an Lungenspitzenkatarrh, der typischen „Arme-Leute-Krankheit" der damaligen Zeit. Es ist nur natürlich, wenn sie sich nach einem schöneren Leben sehnt. Azela will Misch befördern, was dieser brüsk ablehnt.

Luise und Misch gehen abendessen und betrinken sich. Nach Mitternacht sind sie noch immer dabei, die Puppen in der Auslage anzukleiden. Die Zunge durch Cognac gelöst, spricht Luise zu einer Puppe, die dem Chef Azela nachgebildet ist: „Führ mich fort! Der da will mich zurückholen in den Keller! Ich will Luft! Wärme will ich! ...Zeige mir, wie man schön ißt und wo man wohnen muß..." Misch ergreift in seiner Hilflosigkeit eine Pistole und schießt sechs Kugeln in das Modell. Dann zieht er die für die Puppe vorgesehenen eleganten Kleider an. In der Auslagendekoration, die die R i v i e r a darstellt, erleben die beiden in ihrer Phantasie eine schöne Urlaubsreise in die Welt der Reichen.

In der Schlußszene entscheidet sich Luise für den zurückkehrenden Chef. Sie überläßt Misch einer Kollegin, die schon seit langem hoffnungslos in ihn verliebt war. Sie gibt ihr genaue Anweisungen, die im Endeffekt ihre Liebe zu Misch verraten: „Du Elvira, hör mich an. Dem Misch muß man abends beim Schlafengehen ein Glas

---

[72] Georg Kövary: „Der Vater vom Liliom, Das Leben Franz Molnárs in Anekdoten", ORF, 1978.

Wasser auf den Tisch stellen. Vergiß niemals ... Sonntags lasse ihn bis zehn Uhr schlafen ... Den schwarzen Kaffee trinkt er ohne Zucker ..." Damit dreht sie sich um und folgt dem großen Azela.

Warum die Ausarbeitung des Themas, das eigentlich viel mehr in sich trägt als das Resultat, so kärglich ausgefallen ist, hat wahrscheinlich der Kritiker Jacobson am trefflichsten erkannt: „Franz Molnár ist Dichter, Schriftsteller und Komödienmeister, die untereinander nicht einig werden können. Der Dichter sieht ein Lebensmärchen, der Schriftsteller einen Stoff, der Komödienmeister ein Spiel. Erst gehen sie eine Strecke zusammen, dann nebeneinander und schließlich aneinander vorbei. Das Stück ist nicht ausgedichtet, ausgeschrieben oder ausgespielt, nur die Skizze, das Flächenhafte ist vorhanden."[73]

Der Rezensent Dr. Scheyrer drückt etwa das gleiche derber aus: „Diesmal ist Molnár ein Spielverderber: sein Humor wirkt dort, wo er tragisch sein möchte, nur grotesk und possenhaft läppisch, seine Tiefe ist so oberflächlich, daß sie nicht einmal mehr eine optische Täuschung zuläßt, seine Sarkasmen sind mehr eingefettet als eingeätzt, sein Sozialismus ballt die Faust in der Brieftasche ..."[74]

Aurel Kárpáti ergriff wieder einmal im Alleingang Partei für Molnár: „Nicht um echte Revolution geht es in ‚Riviera', sondern um jene sich in der kapitalistischen Gesellschaftsordnung immer wieder erneuernde ‚Rebellion', bei der es niemals einen Sieg über das Geld gibt, geben kann. Wenn ich es so betrachte, erweitert sich jählings die Persiflage, und ‚Riviera' projiziert zugleich — über soziale Bezüge hinaus — das spöttelnde Zerrbild der Unmöglichkeit des bürgerlichen Dramas auf die Kulissen der aus Papierpalmen, bemaltem Himmel und bemaltem Meer erschaffenen, im Moment ihres Erschaffens jedoch bereits entlarvten Auslagen-Riviera ... Trotz der realisti-

---

[73] Leopold Jacobson: „Theater in der Josefstadt", Neues Wiener Journal, 1925.
[74] Dr. Moritz Scheyer: „Riviera", Neues Wiener Tagblatt, 25. 12. 1925.

schen Einstellung ist hier alles Spiel, abstrahiert von der Wirklichkeit aus Fleisch und Blut, ja sogar von dem Glauben, aus dem beispielsweise der ‚Liliom' geboren wurde. Die himmlische Verklärung des Liliom war ein gläubiger und glaubwürdiger Beweis des, um mich so auszudrükken, naiven Optimismus des jungen Ferenc Molnár. Das Bekenntnis des im Zenith seines Mannesalters stehenden Schriftstellers ist schon skeptisch, enttäuscht, bitter, zu Pessimismus neigend. Er lacht, aber nur um die Traurigkeit der Enttäuschung zu übertünchen; die Erkaltung jenes Glaubens zu tarnen, die zu jener Zeit nicht nur in ihm, sondern in uns allen, im ganzen Zeitalter, verglühte."[75]

Theatergeschichtlich ist es interessant, daß „Riviera" als erstes Molnár-Stück in Wien, in deutscher Sprache, seine Uraufführung erlebte. Das Datum: 23. Dezember 1925. Der Schauplatz: Theater in der Josefstadt. Der Regisseur: Max Reinhardt. Luise spielte Lili Darvas, den Misch stellte Hermann Thimig dar, Azela war mit Hermann Romberg besetzt, und einen Warenhausdiener gab Hans Moser.

Die ungarische Erstaufführung erfolgte am 12. Jänner 1926 im Budapester Renaissance Theater. Auch dort inszenierte Max Reinhardt.

16. „SPIEL IM SCHLOSS"

Franz Molnárs technisch brillantestes Bühnenstück, das er übrigens „Anekdote in 3 Akten" nennt und das den Titel „Spiel im Schloß" trägt, hatte seine Welturaufführung, als Beweis der internationalen Anerkennung, die der Autor zu jener Zeit bereits genoß, in New York. (Irving Lesser's Great Neck Playhouse, 21. Oktober 1926.)

Die Grundidee geht auf einen Vorfall zurück, den der frischvermählte Molnár im Wiener Hotel Imperial, wo er mit seiner Angetrauten, Lili Darvas, ein Appartement be-

---

[75] Aurél Kárpáti: „Molnár Ferenc — Mozaik", Budapest.

zogen hatte, selbst erlebte. Als er an einem Spätnachmittag früher als gewöhnlich heimkehrte, hörte er aus dem Zimmer nebenan eine leidenschaftliche Liebesszene. Die Frauenstimme, die sich daran beteiligte, gehörte unüberhörbar Lili. Molnár öffnete die Tür und fand seine Frau in den Armen eines Kollegen. Wie wir wissen, gehörte die Darvas damals dem Ensemble des Theaters in der Josefstadt an, und wie sich herausstellte, hatte sie mit ihrem Partner die Liebesszene aus einem Repertoirestück, das sie demnächst gemeinsam spielen sollten, geprobt.

In dem Lustspiel, das auf dieser Begebenheit basiert, verläuft die Geschichte so:

Die bekannten Dramatiker Korth und Mansky sowie ihr junger Kollege, der Komponist Adam, kommen nach Italien, um einige Tage auf dem Schloß eines Freundes zu verbringen. Adams Verlobte, die 23jährige Operettendiva Annie, ist, zusammen mit ihrem einstigen Schauspiellehrer und Liebhaber, dem 48jährigen verheirateten Schauspieler Almady, bereits da. Die Coautoren und der verliebte Komponist wollen Annie überraschen und treffen ein paar Tage früher ohne telegraphische Anmeldung ein. Sie sind eben dabei, das in den frühen Morgenstunden heimkehrende Mädchen in seinem Zimmer zu besuchen, da hören sie durch die offene Balkontür Almadys Stimme. Er macht Annie einen Liebesantrag, gegen den sie nur schwachen Widerstand leistet. Der gehörnte Bräutigam hört glücklicherweise nicht alles; nach wenigen Minuten taumelt er verzweifelt aus dem Zimmer. Durch diesen Vorfall ist Korths neue Operette, zu der Adam die Musik komponieren sollte, gefährdet. Der gescheite Dramatiker läßt sich jedoch nicht ins Bockshorn jagen — er setzt sich hin und beginnt flink zu schreiben. Vorhang, Ende des ersten Aktes.

Im nächsten Akt erfahren wir, das Korth von vier bis sechs Uhr in der Früh einen Einakter geschrieben hat. In diesem albernen Geschreibsel, das er Sardou unterschiebt, hat er diejenigen erotischen Dialoge eingebaut, die Adam in der Nacht zuvor belauscht hatte. Um sieben Uhr morgens ruft er Annie und Almady zu sich und überreicht ihnen die Rollen, die sie noch am selben Tag einstudieren müssen. Der feige Schauspieler macht das Spiel aus Angst vor einem Skandal mit.

Am Abend hält Korth eine „Probe" ab, bei der auch Adam zugegen ist. Annie gewinnt wieder Oberhand, Almady schwitzt Blut, hat ihm doch Korth aus purer Bosheit die zungenbrecherischsten französischen Namen in seinen Text geschrieben. Der verliebte Komponist atmet erleichtert auf; nun ist er endlich überzeugt, daß Annie und Almady nur ihre Rollen geübt haben. Mansky zieht die Schlußfolgerung: „Siehst du, es gibt viele tüchtige Autoren auf der Welt, aber der findigste Dramatiker ist doch das Leben selbst!"

Die nicht gerade üppige Handlung wird nicht nur in köstlichen, mit treffsicheren Pointen versetzten Dialogen erzählt — zum Vergnügen des Publikums gibt es noch so etwas wie eine zweite Ebene: Kulissengeheimnisse, Tricks des Komödienschreibens werden gelüftet. Korth beginnt das Stück sinngemäß mit dem Satz: „Wie schwer ist es doch, ein Stück zu beginnen!" Dann tritt er vor die Rampe, seine Mitarbeiter folgen ihm nach, und sie stellen sich einfach vor. Die Exposition wird ohne Umschweife dem Publikum mitgeteilt. Das ist frappant, bis dato kaum vorgekommen. Bei anderen Autoren hätte es vermutlich unbeholfen, dilettantisch gewirkt. Bei Molnár wirkt es genial. Ebenso der Trick mit dem Vorhang: nach dem Zweiten Akt läßt er den Vorhang insgesamt dreimal fallen. Zweimal wird er wieder hochgezogen, weil die Akteure noch etwas zu sagen haben.

Aurel Kárpáti hat diesbezüglich folgendes zu sagen: „Mit dem ‚Leibgardisten' und den drei Einaktern des ‚Theater' erschöpft sich Molnárs Interesse für die Welt des gemalten Spiels noch lange nicht. Im Gegenteil: das Spiel mit dem Spiel folgt erst jetzt mit dem im Schloß stattfindenden Spiel. Hier stellt es sich heraus, daß der große Entertainer in Wirklichkeit ein Puppenspieler ist, und dies bedeutet keineswegs Geringschätzung. Unter all seinen Zeitgenossen war er der vollkommenste Meister der Bühnenform... Das Bühnenleben der von der unsichtbaren Hand des Schriftstellers bewegten Puppenfiguren scheint nicht selten lebensechter als die Wirklichkeit. Wenigstens solange das Spiel auf der Bühne dauert. Und der Paganini der Bühne kann denn auch der Versuchung nicht widerstehen. Im zweiten Akt des ‚Spiel im Schloß' läßt er dreimal den Vorhang fallen, das mutigste Zauberkunststück vollbringend. Hier spielt er bereits über die Bühne hinaus auch mit dem Publikum. Doch, so scheint es, ist dieses Spiel viel mehr als ein neckisches Spiel. Dies ist die Koketterie des über den Abgrund gebeugten Menschen mit der Lebensgefahr. Um ein Haar ist das Spiel aus: die Illusion ist dahin. Dennoch muß man es wagen. Das ist doch gerade das Schöne und unheimlich Spannende. Nun wird das Geheimnis gleich aufgedeckt... Die Entfernung um Haaresbreite ist jedoch genau ausgerechnet. Der Vorhang geht wieder hoch, die ins Wanken geratene Illusion kippt wieder zurück auf ihren Platz, und das Spiel läuft weiter. Wenige ‚Anekdoten' leuchten in solche Tiefen."[76]

Nach der amerikanischen Welturaufführung folgte abermals eine Inszenierung in New York, diesmal im Henry Miller's Theatre am 3. November 1926. „The Play's the Thing" erreichte in P. G. Wodehouses Bearbeitung eine Rekordserie von 326 Aufführungen. Am 24. November fand schon die deutschsprachige Erstaufführung im Wiener Akademietheater statt. Erst an vierter Stelle stand bei diesem Stück die ungarische Erstaufführung am 27. November 1926.

Der Erfolg des „Spiel im Schloß" im deutschsprachigen Raum ist immer wieder mit dem Namen Hans Jaray verbunden. Er bearbeitete das Stück, wobei er die Handlung auf ein Schloß in Tirol verlegte, inszenierte es immer wieder und spielte bei jeder Gelegenheit den Korth. So im Theater in der Josefstadt, in den Kammerspielen, im Volkstheater (alle Wien) und in der Stuttgarter Komödie am Marquardt.

Über den literarischen Wert dieser dramatisierten Anekdote zu grübeln hat wenig Sinn — sie hat keinen. „Spiel im Schloß" ist nur eines der besten Boulevardstücke der Welt. Und Boulevardstücke werden nicht aller-

---

[76] Aurel Kárpáti: „Molnár Ferenc — Mozaik", Budapest.

orten verachtet. Zum Beispiel in Paris sicherlich nicht. Von dort stammt ja dieses Genre des Unterhaltungstheaters. Genaugenommen von den Straßen Boulevard du Temple und Boulevard Saint Martin, in denen Theater standen, die als erste diese Gattung betrieben und der ganzen Welt weitergaben. Zu jener Zeit, anfangs des 19. Jahrhunderts, war Eugene Scribe der bekannteste Boulevardier, später wurde es Victorien Sardou. Im 20. Jahrhundert hieß er Franz Molnár.

17. „OLYMPIA"

Mit dem „Spiel im Schloß" hatte Franz Molnár zweifellos den Gipfel erklommen. Beruflich wie im Privatleben ist alles eitel Wonne. 1927 besucht der Dichter seine Frau in den USA, wo sie mit Reinhardts Ensemble gastiert. Am 22. Dezember wird er von Präsident Coolidge im Weißen Haus empfangen. Der Erste Mann der Vereinigten Staaten kann sich auch von der Vielseitigkeit des ungarischen Komödienschreibers überzeugen. Er fordert ihn nämlich auf, über Ungarns Wirtschaftslage zu berichten. Worauf Molnár sich an den anwesenden ungarischen Botschafter, Graf Széchenyi, wendet und dem Diplomaten in seiner Muttersprache mitteilt, er verstehe nichts von Wirtschaftsfragen, also werde er nun fünf oder zehn Minuten lang Witze erzählen und Nachrichten aus dem Heimatland und allerlei, was ihm eben einfiele. Der Herr Botschafter möge so freundlich sein und von sich aus eine Wirtschaftsexpertise vorbringen — und zwar so, als würde er seine (Molnárs) Worte dolmetschen. Dies geschah auch zur höchsten Zufriedenheit Coolidges. Molnár wehrte sich oft gegen die zahllosen Anekdoten, die man ihm andichtete. Diese gehört zu jenen wenigen, die verbürgt sind.

Zu seinem 50. Geburtstag, den er Anfang 1928 mit der Darvas in New York feierte, erschienen in einem vornehmen Budapester Verlag seine Werke in 20 Bänden. Zugleich gab ihm die Zeitschrift Vanity Fair in New York den Auftrag für eine Artikelserie, die in den zwölf nächsten Ausgaben erschien. Ebenfalls in New York wurden 20 Molnár-Bühnenstücke in Buchform veröffentlicht. Die Columbia Universität lud den Meister zu einer Vorlesung ein. Bei dieser Gelegenheit formulierte er seine umstrittene Ars poetica: „Ich bejahe die Auffassung nicht, daß das Theater eine Lehrkanzel sei. Zu Propagandazwecken halte ich jede Volksversammlungsrede für besser geeignet als eine Theateraufführung. Hinter dem Vorhang lebt eine Traumwelt auf und wenn der Vorhang fällt, ist diese Welt entschwunden und das Leben geht unverändert weiter."[77]

In seiner Bühnenarbeit greift er auf Bewährtes zurück und knüpft mit seinem nächsten Stück, „Olympia", das er als „österreichisch-ungarische Gesellschaftskomödie in 3 Akten" bezeichnet, an den Erfolg seines „Schwan" an. Es ist eine seiner Arbeiten, die oftmals als beste aller Molnár-Komödien gepriesen wird.

Die Handlung spielt vor dem Ersten Weltkrieg in einem österreichischen Kurort. Fürstin Eugenie Plata-Ettin und ihre Tochter, die 31jährige verwitwete Herzogin Olympia, begegnen im Salon des Hotel Palace dem feschen magyarischen Husarenrittmeister Kovács. Gräfin Lina und anderen Aristokraten fällt auf, daß Olympia mit dem nichtadeligen Offizier flirtet. Fürstin Eugenie warnt ihre Tochter vor einer Affäre mit dem Ungarn. Sie schlägt Olympia vor, den Rittmeister in seiner Eitelkeit zu kränken, um ihn loszuwerden. Olympia gehorcht — sie nennt Kovács einen Bauern. Der Beleidigte geht. Kurze Zeit später erscheint der Gendarmerie-Oberst Krehl mit der Meldung, Kovács sei kein Rittmeister, sondern ein polizeilich gesuchter Hochstapler. Das Entsetzen der Damen ist umso größer, als Olympia bereits einen Brief an ihren Vater abgeschickt hat, in dem sie Kovács für einen Posten als Reitlehrer bei der kaiserlichen Familie empfiehlt. Man schickt um Kovács. Dieser tritt auf, leugnet nicht, der Betrüger zu sein und bedroht die ihm durch ihre hohe Geburt Überlegenen mit einem Skandal. Um den Preis einer

---

[77] Béla Osváth: „Türelmetlen dramaturgia", Budapest 1965.

Schäferstunde mit Olympia ist er allerdings bereit, still und leise aus der Stadt zu verschwinden.

... Am nächsten Morgen erscheint Olympias Vater. Die Frauen sind beruhigt, der Schwindler dürfte schon in der Schweiz sein. Da erscheint Kovács und wird von Olympias Vater, seinem ehemaligen Militärkommandanten, freundlich begrüßt. Vergnügt erzählt der Husar dem General und den Damen, wie er Gendarmerieoberst Krehl im Namen der Wiener Polizei hinters Licht geführt hatte. Mit Olympia allein gelassen, fällt er ein hartes moralisches Urteil über sie. Sie gesteht ihm ihre Liebe, aber er begehrt sie nicht mehr. Er verabschiedet sich, und er wird es auch vom Militär tun, um als Bauer in seine Heimat zurückzukehren.

Obwohl Aurel Kárpáti der Meinung ist: „Mit seinem ungezwungenen, mutigen Tonfall, seiner mörderisch-geistreichen Spöttelei — deren Schärfe sich gegen die höfische Aristokratie der francojosephinischen Zeit richtet — wirkte dieses waghalsige Stück wahrhaftig wie ein unerwarteter Pistolenknall in einem gesitteten, herrschaftlichen Salon"[78], wiederholte sich bei der Uraufführung im Ungarischen Theater, Budapest, fast die peinliche Ablehnung des „Liliom". Das Echo bei Publikum und Presse war eher schwach.

Wie eigentlich zu erwarten war, teilte „Olympia" das Schicksal des „Schwan": auf ihrer Weltreise wurde sie teils verschmäht, teils über den grünen Klee gelobt.

Die amerikanische Erstaufführung im New Yorker Empire Theatre am 16. Oktober 1928 (Regie: Molnárs guter Freund Gilbert Miller, Darstellerin der Titelrolle: Fay Compton) erhielt niederschmetternde Kritiken.

Die deutschsprachige Erstaufführung in der Berliner Komödie am 26. November 1928 war äußerst erfolgreich. Die Besetzungsliste konnte sich sehen lassen. Olympia: Lili Darvas, Kovács: Ernst Deutsch, Eugenie: Hedwig Bleibtreu, General: Otto Treßler, Krehl: Otto Wallburg und Hofstallmeister Albert: Paul Hörbiger. Die Deutsche Allgemeine Zeitung begann ihre Rezension wie folgt:

---

[78] Aurel Kárpáti: Molnár Ferenc — Mozaik", Budapest.

„Der österreichische Hochadel zur Zeit des seligen Franz Josef, trottelig, borniert, intrigant und eiskalt dünkelhaft, genasführt auf radikalste Weise von einem bürgerlichen Rittmeister. Der Kurfürstendamm wälzt sich vor Lachen. Franz Molnár ein Robespierre von 1928."[79]

Die schweizerische Erstaufführung im Zürcher Schauspielhaus mit Leni Marenbach als Olympia brachte ebenfalls einen unbestrittenen Erfolg.

In Österreich (Erstaufführung 16. September 1930 im Theater in der Josefstadt) fühlte sich ein Teil der Zuschauer wegen der schonungslosen Kritik an der k. u. k.-Hofgesellschaft beleidigt. Noch 1952 (Aufführungsserie gleichfalls in der Josefstadt) glaubte die Presse den alten Adel verteidigen zu müssen: „So beschränkt, albern und vernagelt waren, verallgemeinert, weder die Damen der Hocharistokratie noch die Generaladjutanten und Oberhofchargen Franz Josefs."[80]

Erst 1957 brach das Eis, als das Akademietheater in der ehemaligen Kaiserstadt „Olympia" wieder auf den Spielplan setzte. (Es spielten Judith Holzmeister, Alma Seidler, Adrienne Gessner, Alexander Trojan und Attila Hörbiger.) Theaterkritiker Fritz Walden nannte Franz Molnár enthusiastisch „Österreichs letzten Bühnenklassiker".

In einer Tourneeinszenierung von Peter Loos bereiste „Olympia" in der Saison 1971/72 ganz Deutschland. Den Erfolg sicherten diesmal Paula Wessely als Eugenie und Hans Jaray als General.

Die satirisch-romantische Komödie eignete sich vorzüglich für den Film. An der Wende Stummfilm/Tonfilm wurde „Olympia" zwischen 1929 und 1931 nicht weniger als viermal verfilmt. Es gab eine amerikanische, eine deutsche, eine französische und eine spanische Version. Alle vier Kinostreifen wurden von Metro-Goldwyn-Mayer produziert. Ein ausgesprochener Fehlschlag wurde die letzte großangelegte Verfilmung durch die Paramount.

---

[79] Deutsche Allgemeine Zeitung: „Franz Molnár, Olympia", 28. 11. 1928.

[80] R. H.: „Olympia in der Josefstadt", Die Presse, 14. 5. 1952.

Der in Wien gedrehte Film wies Sophia Loren und Maurice Chevalier als Hauptdarsteller auf, Regie führte Molnárs Landsmann Michael Curtiz. Das Drehbuch verfälschte das vor Esprit sprühende Originalstück und versah es mit einem Happy-End.

In Ungarn wird zur Zeit „Olympia" gerade im Nationaltheater gespielt. Es ist das erste Mal seit der großen Zäsur des Weltkrieges, daß die beste Bühne des Staates ihre Pforten Franz Molnár öffnet. Die Kritik bemängelt, daß die Inszenierung die federleichte Komödie allzu ernst nimmt, zollt jedoch dem regieführenden Miklós Gábor als Schauspieler Beifall in der Rolle des Generals.

Die Vorstellung des Nationaltheaters ist eher in gesellschaftspolitischer Hinsicht eine Delikatesse. Die künstlerisch interessanteste ungarische „Olympia"-Premiere seit dem Krieg fand 1965 im Vigszinhàz (Lustspieltheater) statt, mit Lili Darvas als Eugenie.

In Österreich stand die beste Bühne der Nation schon immer offen für Franz Molnár. So ist es nichts Ungewöhnliches, wenn das Burgtheater eine Reprise dieses Juwels 1984 in seinen Spielplan aufnahm. Und zwar nicht, um mit Budapest zu wetteifern, sondern um einem großen Schauspieler seinen Wunsch zu erfüllen. Fred Liewehr hat sich für sein Bühnenjubiläum die Rolle des Generals Fürst Plata-Ettin ausgewählt.

Wie das Werk diesmal bei den Zuschauern und bei der Presse angekommen ist, geht aus der Überschrift der Rezension von Eleonore Thun in der „Wochenpresse" hervor: „Molnárs ‚Olympia' . . . wird zum Fest für Schauspieler und Publikum."

18. DER EINAKTER „EINS, ZWEI, DREI"

Seltsamerweise nimmt ein Einakter im Bühnenschaffen unseres Dramatikers eine Sonderstellung ein. „Eins, zwei, drei" ist laut Franz Molnár eine Karikatur in einem Akt. Laut Kritiker sein gesellschaftskritischstes, sein genialstes, Schauspieler-beglückendstes Werk.

Der Inhalt: Lydia, die Tochter eines reichen amerikanischen Autofabrikanten, hält sich als Gast des Bankpräsidenten Norrison in dessen Haus auf. Der Gastgeber ist gerade im Begriff, seinen Urlaub anzutreten und erteilt den Angestellten letzte Anweisungen, als Lydia kurz vor drei Uhr plötzlich im Büro erscheint und Norrison das Geständnis macht, sie habe heimlich einen armen Taxichauffeur geheiratet und sei schwanger. Das ärgste ist, daß ihre nichtsahnenden Eltern, die noch lange nicht erwartet wurden, bald ankommen. Norrison hat eine Stunde Zeit, um aus dem wüst aussehenden Taxifahrer Anton eine Persönlichkeit zu machen, die für die dollarschweren Eltern von Lydia akzeptabel ist. Schafft er es nicht, verliert er seine wichtigste Geschäftsverbindung.

Nun folgt Schlag auf Schlag die Umwandlung des kleinen Mannes zum Märchenprinzen. Erster Schritt: Norrison reserviert ein Appartement für das junge Paar im teuersten Hotel der Stadt. Zweiter Schritt: für die Flitterwochen werden Bahnkarten und Zimmer in St. Moritz bestellt. Dritter Schritt: Schneider, modische Kleidung muß her. Dann: Diktat eines Briefes im Namen Antons, in dem letzterer seinen Austritt aus der Sozialistischen Partei ankündigt. Dafür wird er in einen feinen Golfklub aufgenommen und zum Aufsichtsrat einer Aktiengesellschaft ernannt. Weitere Aufwertung Antons: ein Bankkonto, ein gräflicher Vormund und der Titel eines Generalkonsuls. Für drei „Erfindungen" erhält er eine beträchtliche runde Summe, wovon er Norrisons Auto erstehen und alle bisherigen Bestechungskosten begleichen kann. Die herbeigerufenen Fotografen schießen Bilder für die Regenbogenpresse. Der neugebackene Graf bekommt nur noch einige Instruktionen in Sachen intelligenter Konversation und ist nun ein gemachter Mann. Die Stunde ist um, vier Uhr, die Eltern können kommen.

Wir haben es hier mit einem Bühnenwerk zu tun, das nur als Bravourstück bezeichnet werden kann. Alles ist präzise vorausberechnet, die Ideen überschlagen sich, die Spannung hält vom Anfang bis zum Schluß an. Die während der Handlung ablaufende Zeit und die tatsächliche Spielzeit sind identisch. Der Autor ist sich seines Handwerkes, hier mit geistigem Uhrwerk identisch, so sicher, daß er die Sekretärin alle zehn Minuten die genau Zeit melden läßt. Die knappen, hektischen, amüsanten Dialoge diktieren den Stil. Ein Beispiel:

Norrison: Sie schweigen? Es ist also nicht der Ali Khan.
Lydia: Nein.
Norrison: Im Gegenteil?
Lydia: Im Gegenteil.
Norrison: Na, wir schauen gut aus. Ein Beamter?
Lydia: Tiefer.
Norrison: Agent?
Lydia: Tiefer.
Norrison: Kommis?
Lydia: Tiefer.
Norrison: Kellner?
Lydia: Tiefer.
Norrison: Dichter?
Lydia: Tiefer.
Norrison: Theaterdirektor?
Lydia: Tiefer.
Norrison: Kritiker?
Lydia: Tiefer.
Norrison: Diener?
Lydia: Höher.
Norrison: Chauffeur?
Lydia: Stop.

Molnár hat die Paraderolle dem Erzkomödianten Max Pallenberg auf den Leib geschrieben. Dieser hat den Einakter dann auch in der österreichischen Erstaufführung im Raimundtheater (15. Oktober 1929) aus der Taufe gehoben. Am 30. Dezember tritt der Schauspieler in derselben Glanzrolle schon im Berliner Künstlertheater auf, wo er sogar einen gestrengen Molnár-Gegner aus der Reserve lockt. Herbert Ihering schreibt diesmal: „Pallenberg geht mit einem Furioso sondergleichen los. Sieg des schauspielerischen Absolutismus. Terror des komischen Genies. Dieses Theater wird immer, zu jeder Zeit, neben den Gruppenbühnen seine Berechtigung haben. Ein nicht abzuschätzender Erfolg."[81]

---

[81] Herbert Ihering: „Von Reinhardt bis Brecht", 1961.

Das Stück steht oder fällt mit dem Hauptdarsteller. In österreichischen Nachkriegsaufführungen wurde leider kein idealer Interpret mehr gefunden.

Eine amerikanische Verfilmung wurde dem „amerikanischen Thema" nicht gerecht. Die Handlung wurde politisch aktualisiert, sie spielte nach Errichtung der Berliner Mauer. Billy Wilder führte Regie; Norrison spielte James Cagney, seine Partner waren unter anderen Lieselotte Pulver und Horst Buchholz.

In der Beurteilung des im Westen begeistert aufgenommenen Stückes meldet Ungarn Opposition an. Ein Rezensent meint: „Während Molnár den Großkapitalisten, der die Welt in Händen hält, entlarvt, imponiert ihm jener zugleich, und gerade ihm gibt er die zynische Feststellung in den Mund, daß jene Menschheit, die auf solch einen Großkapitalisten stolz sei, sich schämen sollte. Solcherart werden doch eher die begeisterten Höflinge der Kapitalisten, als sie selbst gebrandmarkt in dieser mit beispielloser technischen Überlegenheit geschriebenen Komödie."[82] Der Kampagnereiter gegen Molnár, Béla Osváth geht entschieden weiter und behauptet, das Stück sei „die Glorifizierung des Kapitalismus, mit einigem milden, verständnisvollen, selbstzufriedenen kleinen Lächeln. Und wenn er auch noch so den Schein der dahinbrausenden Handlung zu wahren versucht, hat es keinen Schwung, weil es ihm an dramatischem Kampf mangelt."[83]

19. „DIE FEE"

Bei dem Lustspiel „Die Fee" klafften Publikumsgunst und Kritikermaßstäbe schon bei der Uraufführung (11. Oktober 1930 im Lustspieltheater, Budapest) auseinander. Den Zuschauern gefiel das Unterhaltungsstück mit dem märchenhaften Anklang, die Presse warf dem Autor dramaturgische Mängel und, bei ihm völlig ungewohnt, sogar technische Mittelmäßigkeit vor.

---

[82] Géza Hegedüs in seiner Studie über Molnár, Budapest.
[83] Béla Osváth: „A Molnár-legenda", Budapest 1963.

Die Fee 101

Die Geschichte an sich ist bezaubernd: Die 25jährige Lu ist ein naives Hürchen, das sich als glücksbringende Fee fühlt. Sie war Platzanweiserin in einem Kino, hat jedoch ihre Stelle aufgegeben, einfach aus dem Grund, um Männer glücklich zu machen. Sie sitzt in dem Séparée eines feinen Hotels mit dem Millionär Konrad. Um sich interessanter zu machen, lügt sie Konrad vor, sie sei verheiratet. Mit Hilfe des Telefonbuchs nennt sie ihren Gatten: er heißt Sporum und ist ein braver, verarmter Rechtsanwalt. Sie verspricht Konrad eine Liebesnacht, wenn der ihren „Ehemann" mit der Vertretung seiner Firma beauftragt.

Lu sucht den verschuldeten Sporum auf, der nach einigem Zögern mitspielt. Er bekommt einen Vorschuß von 5.000 Dollar und einen Vertrag, der ihm 140.000 Dollar pro Jahr in Aussicht stellt.

Sporum gewöhnt sich rasch an den Wohlstand. Er bestellt eine Büroeinrichtung, die in 51 Paketen geliefert wird. Unglücklicherweise hält Lu ihr Versprechen, das sie Konrad gegeben hat, nicht im geringsten. Sie schenkt ihre Liebe dem Oberkellner aus dem Séparée. Konrad zieht alle Aufträge an Sporum zurück. Auf Lus Bitte darf er den Scheck für den Vorschuß behalten.

Im Epilog tritt der Direktor des Theaters vor den Vorhang und ersucht das Publikum, seine Geduld noch ein paar Minuten in Anspruch nehmen zu dürfen. Der Verfasser sei so gütig gewesen uns zu zeigen, was aus den handelnden Personen zehn Jahre später geworden sei.

Wir sind wieder im Séparée, wo Lu und Karoline, Sporums ehemalige Sekretärin, auf ihre Männer warten. Zuerst erscheint Sporum, der Universitätsprofessor geworden ist und Karoline geheiratet hat. Dann kommen der Oberkellner, Konrad und als letzter der Staatssekretär Metz, der im ersten Akt kurz und beschwipst vorgekommen war. Er entpuppt sich als Lus Gemahl. Sie setzen sich und feiern den zehnten Jahrestag ihrer ersten Begegnung, die schließlich doch allen Glück gebracht hatte.

Die deutschsprachige Erstaufführung fand am 19. Dezember 1930 in Max Reinhardts Berliner Komödie mit

Grete Mosheim in der Hauptrolle statt. In Wien, ebenfalls unter Max Reinhardts Regie, verkörperte Paula Wessely „Die Fee". In Zürich inszenierte Hans Jaray mit Christiane Hörbiger als Lu.

Das Stück, wie gesagt, beim Publikum stets populär, wurde überall in langen Aufführungsserien gespielt. In New York brillierte 1931 die legendäre Helen Hayes in der Hauptrolle. In Hollywood gab es zwei „Fee"-Verfilmungen: eine 1935 (Regie der Österreicher William Wyler, mit Margaret Sullivan), zum zweiten Mal 1947 (Regie William A. Seiter, mit Deanna Durbin). Das Musical „Make a Wish" ging 1951 über die Bühne des Winter Gardens, Nanette Fabray stand inmitten der nach Paris verlegten Handlung.

Die Kritiker hielten trotz des Erfolges an ihrem ablehnenden Standpunkt fest. Ein Dorn im Auge fast jedes dramaturgisch erfahrenen Rezensenten war der überflüssige Epilog. Anläßlich der Aufführung in Zürich schrieb darüber „Die Tat": „So macht man sich nicht aus dem Staub im Theater."[84]

20. AB 1931 MOLNÁR IN WIEN — LUSTSPIEL „JEMAND"

Ab 1931 verlegte Franz Molnár Wohn- und Arbeitssitz endgültig in den europäischen Westen mit dem Schwerpunkt Wien. Nach Budapest kam er nur noch auf Besuch. Wenn man ihn danach fragte, wo er eigentlich wohne, pflegte er mit dem Aperçu zu antworten: „Ich besitze eine Vierzimmerwohnung. Mein Arbeitszimmer ist in Wien, mein Salon in Budapest, mein Speisezimmer in Paris und mein Schlafzimmer in Venedig."[85]

Die definitive Aufgabe seiner ohnehin nie ungebrochen gewesenen Seßhaftigkeit tat dem Weltbürger wohl, dem

---

[84] Die Tat: „Zweimal Silvesterspaß fürs neue Jahr", 4. 1. 1969.
[85] Georg Kövary: „Die Franz-Molnár-Story", Hörspiel, ORF, 1982.

Literaten weniger. Die nach 1931 entstandenen Molnár-Werke erreichten nie mehr das Niveau der früheren Jahre. Der Dramatiker Franz Molnár hatte seinen Zenith überschritten. Der pausenlose Erfolg, die verführerischen Einnahmen hatten das ihre getan: der Anspruch an sich selbst litt darunter, er wurde kompromißbereiter.

Das erste Lustspiel aus dieser Periode war „Jemand". Der Titelheld ist eine fiktive Figur. Die Erklärung dafür: Der Hochstapler Cortin und seine 30jährige Tochter, die Kabarettsängerin Edith, möchten in geordneten Verhältnissen leben. Edith ist in den Aristokratensohn Robert verliebt, der, um Junggeselle bleiben zu können, nur mit verheirateten Frauen zu flirten gewillt ist. Cortin eilt seiner Tochter zu Hilfe, indem er für sie einen gräflichen Ehemann erfindet. Im Namen dieses nichtexistierenden Grafen Ghugen, der in Brasilien auf Jagd sein soll, kauft Cortin ein Schloß an der Donau und zieht mit seiner Tochter gleich ein. Um die Existenz des Gatten noch glaubhafter zu machen, liefert der alte Schwindler zahlreiche Indizien wie Kinderfotos, Orden, Telegramme und Zimmeranmeldungen. Nicht nur Robert, auch die ganze Umwelt beginnt an die Existenz des Grafen zu glauben. Schmähartikel erscheinen über ihn in einer zwielichtigen Zeitung, und ein Revolverblatt fordert Geld von seiner „Ehefrau". Ein Schankwirt verlangt die Bezahlung einer 13 Jahre zurückliegenden Rechnung. Schließlich erscheint eine weibliche Person, die den Grafen wegen Alimenten klagen will.

Cortins Spaß ist zu gut gelungen. Edith hat ihre gesellschaftlich wünschenswerte Vergangenheit, und auch der eifersüchtige Robert ist bereit, sie zu heiraten. Ein Telegramm „aus den Tropen" meldet den plötzlichen Tod Ghugens, der seine Mission zur größten Zufriedenheit aller Hauptakteure erfüllt hat.

„Jemand" weist in der Grundidee eine gewisse Ähnlichkeit mit „Eins, zwei, drei" auf. Da wie dort geht es um die Erschaffung oder die Verwandlung oder den Aufbau einer Person. Accessoires machen den Menschen, lautet die Aussage in beiden Fällen.

Die Uraufführung am 26. Oktober 1931 fand in der Berliner Komödie statt. Wie wir wissen, hieß der Direktor dieses Theaters Max Reinhardt. Regie führte Gustav Gründgens. Die Hauptrollen waren mit Albert Bassermann (Cortin), Lili Darvas (Edith) und Adolf Wohlbrück (Robert) besetzt.

Die österreichische Erstaufführung folgte anfangs Januar 1932 im Wiener Volkstheater mit Leopold Kramer als Cortin.

Erst am 25. Februar 1932 kam es zur ungarischen Erstaufführung im Belvárosi Szinház (Theater in der Innenstadt).

Außergewöhnlich spät gelangte „Jemand" nach Amerika, wo das Stück den Titel „Arthur" erhielt und in Howard Greens Regie am 1. Mai 1977 im Counterpoint Theatre in New York seine Premiere hatte. In einer zweiten amerikanischen Bearbeitung hieß das Lustspiel „Mr. Somebody".

Das Ungewöhnlichste widerfuhr dem Stück jedoch 1949 im Wiesbadener Staatsschauspiel. Diesmal lautete der Titel der Neubearbeitung Axel Ivers' „Arthur oder die Zaubereien des Dr. Cortin". Die Kritik begrüßte diese Premiere als eine Molnár-Uraufführung. Es geriet offenbar vollkommen in Vergessenheit, daß das Stück, wenn auch mit politisch bedingten Unterbrechungen, seit 18 Jahren auf dem Spielplan deutscher Theater stand.

21. „HARMONIE"

„Harmonie", eine Familienidylle mit Chorgesang in drei Akten: sowohl Titel als auch Spartenbezeichnung wollen satirisch verstanden sein. Der Hofrat und Leiter des Gesangsvereines Bela Kornely feiert sein 25jähriges Berufsjubiläum als Dirigent. Zahlreiche Gäste werden zu einem Festessen erwartet. Die Maniküre Marianne und der Friseurgehilfe Willy bereiten den Gefeierten auf seinen großen Tag vor. Marianne, die anderthalb Jahre zuvor Willys Braut gewesen war, hat ein Verhältnis mit Kornely. Der aufgeregte Willy fügt seinem alternden Nebenbuhler mit dem Rasiermesser im Gesicht einen Schnitt zu. Kornely vermutet dahinter einen Mordversuch. Es kommt zu einem erbitterten Wortwechsel zwischen den beiden Männern und der rachsüchtige Friseurgeselle stürmt von dannen. Als er ein paar Minuten später mit Rasiermesser in der Hand bedrohlich hereinstürzt, findet er eine friedliche Familiengruppe vor, die mit Harmoniumbegleitung das Lied „Bezähme dich, Zorn und Leidenschaft" singt. Schließlich steckt er das Rasiermeser ein und singt selbst mit.

Willy erzählt Frau Kornely von dem Seitensprung ihres Mannes. Sie versetzt in ihrer ersten Erregung dem Jubilar eine Ohrfeige in Anwesenheit der Familienmitglieder. Angesichts des Ehekrachs wollen die mittlerweile eingetroffenen Gäste das Haus wieder verlassen. Da beginnt die Familie abermals zu singen und die freundlichen Töne locken die Gäste wieder zurück.

Der dritte Akt spielt nach dem Festessen um 5 Uhr nachmittag. Da die Frauen des Hauses mit ihm nicht reden wollen, schießt Kornely mit seiner Pistole in die Luft. Dadurch aufgeschreckt, kommen alle herbeigelaufen. Eine Auseinandersetzung zwischen Marianne und Kornely ergibt, daß der Hofrat seine Frau nicht verlassen will. Frau Kornely würde es Marianne genehmigen, ihr Liebesverhältnis mit Kornely diskret fortzusetzen, aber ihr Mann weist dies empört von sich: „Diese Liebelei im Schatten deines heroischen Opfers?... Niemals!" Marianne kehrt zu ihrem Willy zurück, die Familienharmonie wird mit einem Chorgesang besiegelt.

Das 1910 in Budapest spielende Stück erlebte am 7. Oktober 1932 seine Uraufführung im Ungarischen Theater. Einen Monat später, am 11. November, folgte bereits die deutschsprachige Erstaufführung im Wiener Akademietheater. Der Theaterkrach, den es dort auslöste, ließ dieses Stück in die Annalen eingehen, und nicht die ziemlich fragwürdige Qualität desselben. Der Eklat wurde von den Nationalsozialisten ausgelöst, aber auch Vertreter von Gesangsvereinen, die sich verspottet fühlten, machten aktiv mit. Die Nazis hatten außer Molnárs Person noch einen Vorwand zum Protest: der für die Hauptrolle vorgesehene Richard Romanowsky war erkrankt und die Direktion ersetzte ihn in letzter Minute durch den als Filmkomiker überaus populären „nichtarischen" Berliner Otto Wallburg. Franz Molnár hatte in diesem Jahr die um dreißig Jahre jüngere Wanda Bartha kennen gelernt, die in seiner Begleitung an dieser Premiere teilnahm. In der Emigration sollte sie dann seine Gefährtin werden. Als solche zeichnete sie all ihre Erlebnisse mit Molnár, seine Gespräche mit ihr, quasi sein ganzes Tagebuch, auf, die der Schriftsteller dann zu einem Buch verarbeitete. Man könnte also sagen, Franz Molnár hat seine Memoiren nicht geschrieben, sondern schreiben lassen. Wie dem auch sei, in den Aufzeichnungen der Wanda Bartha heißt es unter anderem über den Abend im Akademietheater: „... Auch im zweiten und dritten Akt folgten ein tolles Pfeifkonzert, Zischen und grelle Schimpfworte. Von der Galerie brüllten die jungen Mitglieder der Gesangsvereine herunter, die, wie wir später erfuhren, nur aus diesem Grund in Massen erschienen waren."[86]

Das Stück war durchgefallen, nach 20 Aufführungen wurde es abgesetzt.

In der Berliner Komödie, wo Max Reinhardt das Stück mit Pallenberg in der Hauptrolle herausbrachte (übrigens: die Originalmusik für die Chöre komponierte Theo Mackeben), war der „Harmonie" auch kein großer Erfolg beschieden. Die Demonstranten wurden gleich am Anfang der Premiere am 1. Dezember 1932 hinausbefördert. Der freundliche Schlußbeifall galt unmißverständlich Reinhardt und Pallenberg. Das Lustspiel kam bei der Kritik ausgesprochen schlecht an. Ein Kritiker schrieb: „Das Ganze ist ein warnendes Beispiel dafür, wie Dichter mit Welterfolgen ohne Verantwortungsbewußtsein gängige Ware aus dem Ärmel schütteln wollen und wie sie die Bedürfnisse des heutigen Theaters verkennen."[87]

Die einzige deutschsprachige Nachkriegsinszenierung 1963 in den Wiener Kammerspielen (Hauptrolle: Ernst Waldbrunn, Friseurgehilfe: Alfred Böhm) fand keine un-

---

[86] Franz Molnár: „Gefährtin im Exil", New York.
[87] Rolf Nürnberg: „Pallenberg rettet Molnár", 2. 12. 1932.

freundliche Aufnahme, aber die Kritiker waren nicht sehr begeistert von dem Opus. Niemand war es. Außer Aurel Kárpáti, der auch für die „Harmonie" Lobeshymnen verfaßte. Die Tatsache, daß in diesem Lustspiel die Musik dramaturgisch eingebaut ist, sieht er so: „Die Musik, der Gesang, die bislang bei Prosastücken höchstens eine Begleit-, eine melodramatische Funktion hatten, wird in „Harmonie" erstmalig zum aktiven dramatischen Faktor geweiht. Wie er aber die Geschichte aus der Realität der Bühne — das schwindelerregende Salto dreifach wiederholend — in die Irrealität der Bühne hinüberschwingen läßt, damit hat Molnár auch gleichsam eine neue Bühnengattung kreiert."[88]

22. „WUNDER IN DEN BERGEN", „DAS UNBEKANNTE MÄDCHEN", „HOCHZEIT", „DIE ZUCKERBÄCKERIN"

Nach Hitlers Machtergreifung verschwand der Name Franz Molnár von den deutschen Bühnen. In der Schweiz, in Österreich und in Ungarn wurden seine Werke jedoch weiterhin ungehindert aufgeführt.

Zunächst konzentrierte sich der Autor wieder auf Budapester Uraufführungen. Seine beiden nächsten Stücke blieben im Westen weithin unbekannt.

„Wunder in den Bergen" lag schon seit drei Jahren in Buchform vor, als das Lustspieltheater sich entschloß, sein 40jähriges Jubiläum am 8. Mai 1933 mit dieser Legende zu feiern. Nach Molnárs Intentionen sollte es augenscheinlich ein zweiter „Liliom" werden, die Vorlage reicht jedoch nicht im entferntesten an sein dichterischstes Werk heran. Nur Aurel Kárpáti lobt es überschwenglich und vergleicht es mit einem uralten schönen Meisterwerk tirolerischer Volkskunst.

„Das unbekannte Mädchen", ein ernstes Drama, zählt gleichfalls zu den atypischen Molnár-Stücken. Es wurde für Lili Darvas geschrieben. Die Uraufführung veranstaltete wieder das Lustspieltheater, am 3. November 1934.

---

[88] Aurel Kárpáti: „Molnár Ferenc — Mozaik", Budapest.

Die nächsten beiden Arbeiten, die gemeinsam einen Abend füllten, drangen auch in den Westen, ohne jedoch nachhaltigen Eindruck hinterlassen zu haben. Es waren dies: der Einakter „Hochzeit", in dem es einfach darum ging, daß der Vater des Bräutigams eine halbe Stunde vor der Trauung, vom Brautvater die Mitgift erpreßt. „Die Zuckerbäckerin", eine Komödie in fünf Bildern, wurde meistens mit dem Einakter gekoppelt aufgeführt.

Die Handlung beginnt in einer kleinen Budapester Vorstadtkonditorei. Der Zuckerbäcker Edmund Kovács bekommt eine Vorladung zur Polizei in die Hand, die an seine Frau Olly gerichtet ist. Seine Neugier treibt ihn sofort aufs Kommissariat, um die Ursache der Vorladung zu erfahren. Der zuständige Hauptmann sieht in den Akten nach und erklärt, die Zuckerbäckerin sei vor zwei Tagen am Schwabenberg in einen Taxiunfall verwickelt worden. Sie und ihr Begleiter, Herr Feri Matula, seien als Zeugen geladen. Matula ist ein junger Arbeitsloser, der der älteren Olly den Hof macht und ihr den Kopf verdreht hat.

Zu Hause bringt der Zuckerbäcker seine Frau dazu, ihm alles zu gestehen. Sie bekennt, daß Matulas zärtliche Annäherung ihr sehr imponiert habe. Sie hatte sich danach gesehnt, wieder bewundert und angebetet zu werden wie einst als junges Mädchen. Sie verspricht, den jungen Liebhaber am nächsten Tag ein für allemal hinauszuwerfen.

Zu gegebener Zeit ist Olly nicht fähig zu handeln. Kovács, der gelauscht hatte, tritt aus seinem Versteck hervor und kanzelt den verblüfften Matula gehörig ab. Dieser verteidigt sich damit, daß er mit Olly nur aus Mitleid geflirtet habe. Er sei hoffnungslos in ein Mädchen verliebt, das unweit von der Konditorei arbeitet. Er wollte nur in ihrer Nähe sein. Olly fällt in Ohnmacht. Kovács unternimmt einen Versuch, den aufgewühlten Matula zu versöhnen. Jener geht fort und wird die Konditorei nie mehr betreten.

Die Uraufführung beider Stücke fand wieder einmal in deutscher Sprache statt, und zwar am 3. Jänner 1935 im Wiener Akademietheater mit Alma Seidler als Zuckerbäckerin. Publikum und Kritik lehnten beide Produktionen ab.

Die ungarische Erstaufführung erfolgte erst am 18. April desselben Jahres im Budapester „Andràssy-uti Szinház".

1971 wurde „Die Zuckerbäckerin" als abendfüllendes Stück neuinszeniert. Paul Blaha schrieb in seiner Kritik: „Zeitvertrödelung". Wolf-Dieter Hugelmann hingegen verlangt von Molnár Rechenschaft über eine versäumte Chance: „Das könnte, allem Kitsch zum Trotz, eine sozialkritische Komödie sein. Der Zusammenbruch des Vorstadtidylls; Menschen, die um ihr Leben und ihre Existenz so sehr kämpfen müssen, daß sie nicht mehr genug Zeit haben, Menschen zu sein; das durch Arbeit entfremdete Ehepaar, das erst durch den großen Krach wieder zusammenkommen kann."[89]

1940 schrieb Molnár das Stück für die amerikanische Bühne zum Dreiakter um. Er verlegte die Handlung in die Schweiz. Die Zuckerbäckerin verliebte sich in dieser Fassung in einen jungen Franzosen, der vor seiner Einberufung zum Militär stand. „Delicate story" wurde in der Regie Gilbert Millers in Henry Miller's Theatre am 4. Dezember 1940 aufgeführt. Daß dieses Bühnenwerk auch in den Vereinigten Staaten nicht auf Gegenliebe gestoßen ist, beweist folgender Ausschnitt aus einer Rezension: „Die Handlung widersetzt sich der Dauer von drei Akten. Sie dehnt sich etwa so, wie ein Spaghettifaden es tun würde, wenn er als Transatlantik-Kabel herhalten müßte..."[90]

---

[89] Wolf-Dieter Hugelmann: „Weder Mehr- noch Nährwert", Expreß, 6. 3. 1971.
[90] John Mason Brown: „Edna Best in Molnárs Delicate Story", New York Post, 5. 12. 1940.

23. „GROSSE LIEBE"

Es war Zeit für Molnár, wieder einmal einen Erfolg für sich zu buchen. Den bescherte ihm sein Lustspiel „Große Liebe", uraufgeführt am 11. Oktober 1935 im Vigszinház alias Lustspieltheater. Damit wetzte der Bühnendichter noch im selben Jahr die durch „Die Zuckerbäckerin" entstandene Scharte aus.

Inhaltsangabe: Margit, Leiterin eines führenden Modesalons, sorgt mütterlich für ihre hübsche junge Schwester Irene. Der Student Ludwig bewohnt die Dachstube in Margits Haus seit vier Jahren. Margit unterstützt den jungen Mann in der Hoffnung, daß er Irene heiraten werde. Doch Irene verliebt sich in Iwan, einen schlagfertigen Abenteurer, der mit ihr nach Hollywood ziehen will. Während Margit diesen Plan zu vereiteln sucht, verfällt sie selbst dem Nichtsnutz. Margit schildert Irene ihre Gefühle für Iwan mit den Worten: „Meiner Ansicht nach ist eine große Liebe die, für die es keine Erklärung gibt, die kein Ziel hat und keine andere Freude als das Opfer." Damit wünscht sie Irene viel Glück und schenkt ihr den teuersten Familienschmuck, einen fünfkarätigen Diamantring. Ludwig fühlt sich überflüssig und will das Haus verlassen, aber schließlich kommt er zur Einsicht, daß er Margit liebt. Er bleibt. Margit, bald überzeugt davon, daß sie ihre große Liebe gegen eine kleine einzutauschen hat, ebenfalls.

Die in der Nußschale erzählte Handlung wird von einer „dea ex machina", einer Dame, die nur mit „Ihre Exzellenz" angesprochen wird, vorangetrieben, weitergeleitet und ausgeschmückt. Sie lenkt gütig, schicksalshaft, allwissend die Taten der handelnden Personen.

Die deutschsprachige Erstaufführung im Wiener Akademietheater am 23. Dezember 1935 war ein durchschlagender Erfolg. In Paul Kalbecks Regie spielten Lili Darvas (Margit), Adrienne Geßner (Ihre Exzellenz) und Hans Jaray (Iwan). Felix Salten begeisterte sich in der Neuen Freien Presse: „Dem Zauberer Molnár ist mit dieser unterhaltsamen, frischen Komödie, die von zarter Melancholie angehaucht, den Wert der Heiterkeit noch erhöht, ein Meisterwerk gelungen... Die sechs Bilder, die rasch am vergnügten Publikum vorbeihuschen, bringen in ihrem einfach klingenden, natürlichen Dialog eine Fülle von Witz, von sprühender Laune und treffender zeitgemäßer Einfälle."[91]

Nicht minder war man in der Schweiz begeistert, als das Zürcher Schauspielhaus das Stück in der Inszenierung von Leopold Lindtberg am 1. April 1937 herausbrachte. In der Neuen Zürcher Zeitung stand zu lesen: „Die große Liebe verdient nun einen großen Stern im Molnár-Katalog. Sie ist unter einer warmen, freundlichen Sonne gereift, zeigt des geistvollen und ungarischen Bühnenschriftstellers Menschenkenntnis, seine überlegene Bühnenbeherrschung und seine Meisterschaft der Dialogführung in glücklicher Weise."[92]

Die einzige Nachkriegs-Wiederaufnahme trägt das Datum 8. Oktober 1952, also ein halbes Jahr nach Franz Molnárs Tod. Sie ging im Wiener Akademietheater über die Bühne, diesmal in Hans Jarays Bearbeitung. Nach dem Ableben Molnárs schuf der ehemalige Molnár-Intimus Jaray Neufassungen von zahlreichen Stücken des Meisters. Die rechtliche Genehmigung dafür holte er sich bei der Molnár-Witwe Lili Darvas. Er spielte den Iwan, der in der neuen Version Hans Adam hieß; Elisabeth Markus gab Ihre Exzellenz; Kurt Heintel den Studenten Ludwig: „Das Alpha und Omega der Vorstellung"[93] war jedoch laut Kritik Vilma Degischer in der Rolle der Margit.

Im Oktober 1937 verfilmte Hollywood das Bühnenstück mit dem weltberühmten Kinoliebespaar Myrna Loy und William Powell. Wie so oft in der Zelluloidbranche machten die vielen Änderungen die ursprüngliche Handlung fast unkenntlich.

Mehr zur politischen Zeitgeschichte als zu jener der Literatur gehört die Erwähnung der Tatsache, daß die jüdi-

---

[91] Felix Salten: „Große Liebe", Neue Freie Presse, 25. 12. 1935.
[92] Neue Zürcher Zeitung: „Molnár: Große Liebe", 2. 4. 1937.
[93] Herbert Mühlbauer: „Molnár — ohne große Ansprüche", Kurier, 9. 10. 1952.

sche Gemeinde im Berliner Kulturbund am 5. August 1936 mit behördlicher Genehmigung „Die große Liebe" aufführte.

24. „DELILA"

Die letzte ungarische Uraufführung des Bühnendichters war zugleich der endgültige Abschied des in Österreich-Ungarn geborenen Franz Molnár, der in der amerikanischen Emigration sterben sollte, von seiner Heimatstadt. „Delila", 17. September 1937 im Pesti Szinház, schenkte ihm den letzten Erfolg, den er in Budapest feiern durfte.

Der Name soll, dies ist leicht zu erraten, eine Anspielung auf die biblische Geschichte von Samson (den man im Deutschen, Gott weiß warum, Simson nennt) und Delilah sein. Nur liegt die Manneskraft bei Molnár nicht in den Haaren wie in der Bibel, sondern im Geld.

Alfred Virág, 48jähriger Besitzer eines Gartenrestaurants an der Autostrada zum Plattensee, hat 38.000 Pengö in der Lotterie gewonnen. Die hübsche junge Serviererin Ilonka, die ihre Hochzeit mit dem besitzlosen Berényi schon fünfmal plötzlich verschoben hat, weil sie keinen Armen heiraten will, erwidert plötzlich Virágs Zuneigung in der Hoffnung, ihn zu einer Scheidung von seiner Frau Marianne bewegen zu können. Ihrem Bräutigam gibt sie wieder einmal den Laufpaß.

Um ihre gefährdete Ehe zu retten, zwingt Marianne ihren Mann, seine Scheidungsabsicht offen zu erklären. Sie zeigt sich zur Scheidung bereit, wenn sie die 38.000 Pengö als Abfindung bekommt. Virág stimmt zu und überreicht Marianne sein Sparbuch. Durch ihren Rechtsanwalt verständigt Marianne den abgeblitzten Berényi, er könne das Geld als Mitgift haben, wenn er Ilonka heirate.

Der mehrfache Exbräutigam erscheint am nächsten Vormittag im Restaurant und bedankt sich bei Marianne für ihre Großzügigkeit. Die überraschte Ilonka wendet sich wieder Berényi zu und schmiegt sich mit schmachtenden Blicken an ihn. Virág heult auf wie ein verwundetes Tier. Das junge Paar geht ab, um sobald wie möglich zu heiraten und eine Hochzeitsreise nach Italien anzutreten. Als Marianne mit ihrem Manne allein bleibt, erklärt sie ihm den Grund ihrer Handlungsweise: „Alles hat seinen Preis. Für die Rettung meines Glücks stand auf Gottes Preisliste eben diese Summe. Ein teurer Spaß, aber er war es wert."

Der spritzige Dialog des Lustspiels erinnert wieder an den alten, daß heißt an den jungen Molnár. Es gibt eine Paraderolle in dem Stück: ein Schankbursche, der nebenbei in die Wirtin Marianne verliebt ist. Er stolpert durch die Handlung und redet unnötig dazwischen. Seine stehende Redewendung lautet: „Verzeihung, daß der Schankbursch dreinredet..." und dann folgt molnárscher Esprit. Sehr lustig ist auch Virágs Wortgefecht mit einem Vertreter, der ihm ein Auto aufdrängen will, worauf Virág die Vertreter mit Fliegen vergleicht, die man nicht loswerden kann. Der Agent erwidert würdevoll: „Ich nehme die Beleidigung, daß wir Fliegen sind, zur Kenntnis. Aber ich gestatte mir auch im Namen meiner Kollegen zu bemerken, daß die Fliegen... hm... nicht immer auf Zucker fliegen. Ich empfehle mich." Oder — Mariannes Argument nach der Verschenkung des Lotteriegewinnes: „Wenn es sich um mein eigenes egoistisches Interesse handelt, bin ich so grausam, daß es mir nicht einmal leid tut, wenn ich andere glücklich mache."

Die deutschsprachige Erstaufführung ging am 1. Dezember 1937 im Wiener Akademietheater in Szene, mit Alma Seidler und Raoul Aslan in den Hauptrollen. Großer Jubel brach aus, als der Autor auf der Bühne erschien.

Ebenso erfolgreich lief die schweizerische Erstaufführung im Zürcher Schauspielhaus ab, wo ab 3. Februar 1938 Margit Weiler und Kurt Horwitz Marianne und Virág darstellten.

Anläßlich einer späteren Aufführung in St. Gallen vermerkte die Kritik, daß dieses Stück dem westlichen Geist verpflichtet sei, vor allem dem französischen „esprit de conversation", Molnár verstehe es aber, diesen westlichen Einfluß in ein freundliches östliches Kolorit zu kleiden[94].

1944 wurde die Geschichte in Amerika verfilmt. „Blonde Fever" wurde kein besonderes cineastisches Erlebnis.

Österreich hatte Anfang 1960 zum letztenmal Gelegenheit, „Delila" in einer Jaray-Bearbeitung zu sehen. In den Wiener Kammerspielen wurde aus dem Gartenrestaurant ein Rasthaus mit Tankstelle an der Autobahn nach Salzburg. Hans Weigel bemängelte in seiner Kritik unter anderem: „Aus dem armen Hungerleider von Bräutigam wird ein fescher Mechaniker, das nimmt der Handlung viel von ihrem Sinn und Witz und beraubt den Schluß seiner Überzeugungskraft." Der Artikel trug die Überschrift: „Alle Jaray wieder"[95].

25. EMIGRATION — IN NEW YORK — WANDA BARTHA — „THE KING'S MAID", „PANOPTIKUM", „DER KAISER", „ . . . OR NOT TO BE", „SPIEL DER HERZEN" — MOLNARS TOD

Nach der Premiere der „Delila" verließ Franz Molnár für immer Budapest. Bis Jahresende blieb er in seinem zweiten Zuhause, in Wien. Das Jahr 1938 verbrachte er in Venedig als Bewohner des Luxushotels Danieli. Danach verlegte er seinen Wohnsitz nach Paris, wo er mit Hilfe des Kollegen Edouard Bourdet und Tristan Bernard eine Aufenthaltsgenehmigung für drei Jahre erhielt. Nach dem Ausbruch des Zweiten Weltkrieges zog er doch nach Genf. Die seit 1938 in New York lebende Lili Darvas, von der er bis zu seinem Lebensende nie geschieden worden war, überredete ihn, nach Amerika zu emigrieren. Er folgte ihr. Daß er drüben nicht verhungern würde, dürfte er schon gewußt haben, denn er hatte aus Vorsicht schon längst ein Bankkonto in New York eröffnet, auf das er seine Honorare überweisen ließ. Dieser Schritt erwies sich als sehr klug, denn sein Vermögen wurde während des Krieges sowohl in Ungarn als auch in Deutschland beschlagnahmt.

---

[94] St. Galler Tagblatt: „Stadttheater", 4. 12. 1942.
[95] Hans Weigel in der Illustrierten Kronen Zeitung, 9. 1. 1960.

Am 12. Jänner 1940, auf den Tag genau an seinem 62. Geburtstag, kam der Dramatiker mit dem italienischen Passagierschiff „Rex" in New York an. Von da an wohnte er im weltberühmten Plaza Hotel, Zimmer 835. Seine Maxime für seine Unterkunft „im größten Hotel, im kleinsten Zimmer" behielt er bis zu seinem Tode.

Aus dem Kosmopoliten wurde zwangsläufig ein Emigrant. Der Bohémien, dem die weite Welt kaum genug weit war, fühlte sich im fremden Land beengt. Nebst anderen Krankheiten litt er an Platzangst. In den letzten seiner noch verbliebenen zwölf Jahre verließ er kaum den Block seines Hotels.

Im Mai 1940 kam auch Wanda Bartha in New York an und bezog ein Zimmer in Molnárs Hotel im 15. Stock. Sie wurde seine Sekretärin, seine Mitarbeiterin, seine Krankenschwester, seine „Gefährtin im Exil", wie er sie in seinem — für sie posthumen — Buch nannte.

Außer dem Musical „Carousel", das allerdings kaum viel mit dem Original-Liliom zu tun hatte, sollte er keinen Erfolg mehr erleben, der an seine früheren Triumphe herangereicht hätte. Allerdings brachte Franz Molnár diese Version, die fünf Jahre lang en suite am Broadway auf dem Programm stand, gewaltige Tantiemen ein.

Sein erstes Werk, das er in den Vereinigten Staaten vollendete, hieß „The Kings Maid" und wurde in Gloucester, Massachusetts, von einer kleinen Theatergruppe im August 1941 mit geringem Erfolg aufgeführt. 1943 sollte das Stück in New York aufgeführt werden. Bei der Voraufführung in Boston war auch ein Kardinal zugegen, der nach der Vorstellung Molnár mit Tränen in den Augen umarmte und erklärte: „Dieses Stück möchte ich in jeder Kirche aufführen lassen!" Bevor es den Broadway erreichte, soll Molnár die Rechte vom Produzenten Gilbert Miller zurückgezogen haben, da es zu religiösen Streitigkeiten gekommen war. Der Dichter wollte auch den Anschein vermeiden, mitten im Krieg Gegensätze in der amerikanischen Gesellschaft verursacht zu haben[96].

---

[96] Imre Békessy in der Budapester Zeitung „A Reggel", 12. 1. 1948.

Die Titelfigur ist ein ungarisches Bauernmädel, das in einem letztrangigen Hotel in einer Kleinstadt dient. Zwei Gendarmen verhaften zwei Diebe, die im Hotel gewohnt haben. Ihr Mitbewohner, der alte jüdische Trödler Mózsi, wird in die Sache verwickelt, obwohl die Diebe gestehen, daß sie ihn ebenfalls bestohlen haben. Als einzige hält Mari, das Dienstmädchen, zu ihm. Der Alte meint zu ihr: „Niemand ist Prophet im eigenen Land, pflegte mein Vater zu sagen." Mari klärt ihn auf, dies seien Worte von Jesus Christus, sie habe es in der Bibel gelesen. Es entzündet sich eine Diskussion, wobei sich immer wieder herausstellt, daß Mózsi, ohne es zu wissen, Weisheiten Christi zitiert. Die Aussage: Was gute, seelenreine Menschen denken und sagen, ist die Lehre der christlichen Nächstenliebe, welcher Religion der Mensch auch angehören mag. Maris Bräutigam, der Lohndiener, platzt in die Auseinandersetzung und schreit auf: „Du wagst den Namen Christus zu verunglimpfen, du Saujud?" Er versetzt dem Alten einen Schlag. Im Moment schaut es so aus, als hätte er den Trödler tödlich getroffen.

Die Gendarmen kommen wieder, das ganze Städtchen gerät in Aufruhr. Der Lohndiener bleibt dabei, Mózsi habe Christus geschmäht, Mari hingegen sagt aus, er sei Jesus eben begegnet. Da kommt der alte Mann zu sich und behauptet, es sei eine Schmähung gewesen. Nur er und Mari wissen, daß die Liebe Christi gesiegt hat — Mózsi will den Vater von Maris ungeborenem Kind vor dem Gefängnis retten. Als im dritten Akt Mózsi für immer die Augen schließt, steckt der verhörende Gendarm das unterschriebene Protokoll ein und sagt: „Ich weiß nicht, was du warst: Jude oder Christ. Ich glaube, du warst nur ein sehr guter Mensch, Mózsi..."

Nachdem Molnár die Rechte zurückgezogen hatte, konnte das Stück auch nicht verfilmt werden, obwohl Greta Garbo ihn in seinem Hotelzimmer besuchte, da sie sich für die Hauptrolle interessierte.

Molnárs zweites Bühnenstück, das er in Amerika schrieb, entstand ebenfalls 1940. Es war der Zweiakter „There is a play tonight". Die Uraufführung fand erst nach dem Tod des Verfassers im Februar 1961 statt.

1941 wurde abermals ein Zweiakter geboren. „The Merciless Mrs. Roy" war die Basis der später von Molnár mit einem Vorspiel versehenen und umgeschriebenen Komödie „Panoptikum".

Der Prolog spielt in der Gegenwart. Der Direktor eines internationalen Panoptikums erklärt den Besuchern den historischen Hintergrund der elf Wachsfiguren des österreichischen Saales. Danach spielt sich ihre Geschichte ab:

Der Schauplatz ist die österreichisch-ungarische Botschaft in Rom zu Beginn unseres Jahrhunderts. Prinzessin Anna, die Frau des Botschafters Rudolf Kron-Leithen, verliebt sich in den Architekten Robert Thomas. Sie wendet sich an den Wiener Anwalt Dr. Block, um die Scheidungsdokumente und die päpstliche Einwilligung einzuholen. Prinz Rudolf nimmt den Entschluß seiner Frau gelassen zur Kenntnis.

Annas Geliebter Thomas ist in Wirklichkeit ein Hauptmann des russischen Geheimdienstes. Der Butler der Botschaft, Diegelmann, ist sein Vorgesetzter, und sogar Annas als Französin getarnte Kammerzofe Louise arbeitet für die Russen. Diegelmann überreicht Thomas ein gestohlenes Schriftstück mit dem Auftrag, es einem anderen Agenten auszuhändigen. Am gleichen Tag wird Thomas' Haus von der Polizei durchsucht und das Dokument gefunden. Anna ist vernichtet. Diegelmann rettet die Situation, indem er den Diebstahl gesteht und Thomas vom Verdacht der Spionage befreit. Thomas ist frei. In einigen Wochen wird er Anna in Wien heiraten können.

Kaum sind die Verwicklungen geklärt, meldet man die Ankunft des italienischen Königs. Die Schauspieler stellen sich ihrer Rangordnung entsprechend in einen Halbkreis, genau wie im Prolog. Auf der sich verdunkelnden Bühne sind wieder elf Wachsfiguren zu sehen.

In der New Yorker Emigration stieß der junge Friedrich Torberg zu Molnárs Gesellschaft. Er bekam die autorisierten deutschsprachigen Übersetzungsrechte für das Stück. Das Datum des Übertragungsrechtes von Molnár an Torberg ist 1942, dennoch mußte das Publikum bis zum 8. Jänner 1949 warten. Erst am Abend dieses Tages kam es zur Welturaufführung im Frankfurter Kleinen Theater am Zoo. Drei Tage später fand die österreichische Erstaufführung im Akademietheater statt. Alma Seidler spielte die Anna mehr realistisch als karikierend, dadurch trat auch das Banale und Kitschige am Werk deutlicher zutage. Der Kritiker der Österreichischen Zeitung reihte das Stück einfach in die „Hochflut der Habsburger-Reminiszenzen" ein, die noch immer nicht verebbt sei[97].

Am 9. Jänner 1950 brachten die Kölner und die Hamburger Kammerspiele „Panoptikum" zugleich heraus. Im letztgenannten Theater spielte Hilde Krahl die Hauptrolle. Dies war vielleicht die erfolgreichste Inszenierung des Stückes (Fritz Remond).

Heinrich Schnitzlers Inszenierung am 5. März 1959, mit Vilma Degischer im Theater an der Josefstadt, kam bei der Kritik auch nicht eben glänzend an. Heinz Kindermann schrieb: „Echte Satiren müssen ins Schwarze treffen. Das ist hier nicht der Fall."[98]

Die Komödie erinnert zu sehr an die Erfolgsstücke „Der Schwan" und „Olympia", ohne deren Niveau zu erreichen. Was Franz Molnár mit diesem Opus bezweckt hatte, hielt er selbst in einer Regiebemerkung zum Stück fest.

„Die satirische Absicht dieses Stückes richtet sich nicht bloß gegen den Hochmut, die Eitelkeit und die Verlogenheit der europäischen Aristokratie vor dem ersten Weltkrieg, sondern ebenso gegen die verlogenen Gesellschaftsstücke, in denen diese Aristokratie ein halbes Jahrhundert hindurch glorifiziert und als ein höherer, halbgottähnlicher Menschenschlag dargestellt wurde."

1942 wurde der Dreiakter „Der Kaiser" zu Papier gebracht, der ausschließlich im Budapester Lustspieltheater über die Bühne ging. (Uraufführung: 20. April 1946.) Die Entstehungsgeschichte dieses an sich nicht als gelun-

---

[97] R. H.: „Schon wieder ein Molnár", Österreichische Zeitung, 13. 1. 1949.

[98] Heinz Kindermann: „Wachsfigurenkabinett aus dem alten Österreich", 7. 3. 1959.

Emigration 119

gen zu bezeichnenden Stückes ist interessanter als das Werk selbst.

Am 10. September 1945 kam der erste Nachkriegsbrief von Franz Molnár in Budapest an. Er war an Daniel Jób gerichtet. Der Adressat war Direktor zur legendären Zeit des Vigszinház und bekleidete noch immer seinen Posten. Jób dürfte bereits den Wunsch geäußert haben, ein neues Molnár-Opus herauszubringen, denn der Bühnendichter teilte ihm unter anderem folgendes mit: „... hingegen habe ich — noch auf Betreiben des seligen Reinhardt und im Besitz seines Versprechens, das Stück zu inszenieren — eine Schauspielertragödie aus der napoleonischen Zeit geschrieben..."

Das angekündigte Drama gelangte dann auch nach Ungarn. Daniel Jób bestätigte umgehend den Empfang. Die Antwort Molnárs lautete:

„20. März 1946.

Lieber Dani!

Heute erhielt ich Deinen Brief vom 11. Februar... Hab Dank für Deine Worte über das Stück. Im Zusammenhang mit dieser Arbeit ist wirklich alles Dir überlassen. Wenn ich es bedenke, bleibt mir auch nichts mehr zu schreiben, was für die eventuelle Aufführung von Nutzen wäre. Die in Klammern gesetzten sogenannten „Instruktionen" erklären alles weitgehendst.

Ich wiederhole, was ich Dir, wenn ich mich recht erinnere, schon einmal geschrieben habe: dieses Stück wurde so geboren, daß ich bei einem Abendessen Reinhardt das Thema erzählte, welches er wahrhaftig begeistert aufnahm. Er überredete mich, es zu schreiben, und als es beendet war, empfahl er mehrere kleine Änderungen, die ich auch akzeptierte. Es war beabsichtigt, daß das Werk unter seiner Direktion und in seiner Inszenierung zur Aufführung kommen würde. Der Tod des armen Reinhardt vereitelte den ganzen Plan und seither ruht der Text in meinem sogenannten Archiv.

Ich habe über mehrere englische Titel nachgedacht, wie ‚The Emperor' — oder ‚The Last Role' — und ich hätte noch einen Titel, der bedauerlicherweise nur auf Englisch vorstellbar ist. Er heißt: ‚Enter Napoleon'..."

An dieser Stelle ergeht sich Molnár in Erklärungen das Wort „enter" und seine Übersetzung betreffend und betont, daß er mit dem Ausdruck „tritt auf" Napoleon in einen Schauspieler verwandelt. Schließlich macht er seinem Freund das Angebot, den endgültigen Titel selber festzulegen.

Tibor Bános berichtet in seinem 1983 erschienenen Buch, das die Budapester Theatervorstellungen zwischen 1945 und 1949 behandelt: „Dem historischen Drama ‚Der Kaiser', welchem von Daniel Jób ursprünglich der Titel ‚In Napoleons Schatten' zugedacht war, gebührt ein besonderer Platz in Ferenc Molnárs Schaffen. In erster Linie wegen seines sich verdüsternden Tonfalls..."

Irén Vécsei zitiert in ihrem über Molnár verfaßten Buch (Budapest, 1966) einen namhaften Schriftsteller, dessen Rezension viel über die Dubiosität des Stückes aussagt: „Die Ehrlichkeit der schriftstellerischen Absicht ist unzweifelhaft. Molnár protestiert im Namen der Menschlichkeit gegen die Tyrannei, und wir können das Stück sogar als eine Napoleon-Hitler-Parallele auffassen, doch auch als ein Veto gegen jede Art von Gewalt. Über die Budapester Aufführung (1946) schreibt Áron Tamási unter anderem folgendes: ‚Ferenc Molnár hat ein Schauspiel geschrieben, das weder ganz Kolportage noch Bühnenwerk ist. Die noble Tendenz, mit der er für die Freiheit des Menschen und gegen den Tyrannen Stellung bezieht, sowie seine Bühnensprache retten ihn davor, eine nackte Schauermär hervorgebracht zu haben... Wir werden es liebevoll vergessen.'..."

Der Inhalt des ungewöhnlichen Molnár-Stückes:

Während der napoleonischen Zeiten auf der Bühne eines Pariser Theaters. Schauspieler bereiten sich für eine Aufführung vor. Desroses, der Heldendarsteller, und seine Gattin Amalie — Protagonistin der Racine-Tragödie „Andromaque" — leben seit 17 Jahren in legendärer Liebe miteinander. Die Frau ist außergewöhnlich erregt; ihr Sohn ist seit dem Morgen nicht nach Hause gekommen. Napoleons Geheimpolizei verhaftet der Reihe nach Unruhestifter. Die Hiobsbotschaft trifft ein: der junge Mann wurde von Napoleons Schergen gefaßt und hingerichtet.

Emigration

Die Mutter erleidet in ihrem Schmerz einen Nervenzusammenbruch, die Vorstellung entfällt. Das ganze Ensemble muß die Flucht ergreifen, da wegen der latenten Rebellion ein Haftbefehl gegen sämtliche Mitglieder vorliegt. Die Botin ist eine wohlinformierte Person, Geliebte eines hochgestellten Mannes bei Hofe; dieser gewährt ihnen im Keller seines Palais' Unterschlupf. Amalie wird in einem Gemach gepflegt; ihr Zustand verschlechtert sich zusehends. Im Fieberwahn sehnt sie sich nach einer Schäferstunde mit dem Kaiser, um ihn, am Gipfel seiner Lust — zu töten. Man ist den Schauspielern in ihrem Versteck auf der Spur; sie müssen weiterfliehen. Da tritt der Schauspieler in seiner eigenen Tragödie auf: er legt Napoleons Maske an und besucht so sein krankes Weib. Die Rache der Mutter wird vollzogen, aber so, daß sie ihren eigenen Mann umbringt.

„Noah's Ark" war die erste Fassung des 1946 beendeten, letzten aufgeführten Molnár-Bühnenstückes „Spiel der Herzen". Im müden Alterswerk geht es um einen reichen, ehemaligen Testpiloten namens Vincent Reid, der den Herzspezialisten Dr. Moore aufsucht. Dessen Assistentin Linda ist an dem 51jährigen interessiert. Vincent sucht jedoch seine ehemalige Liebe, Sophie, auf, die mit seinem 22jährigen unehelichen Sohn zusammenlebt. Sie hat einen Untermieter, der sie mit seiner Liebe verfolgt. Vincent möchte zu Sophie ziehen und das alte Glück wieder herstellen, was der Untermieter verhindert. Daraufhin macht Vincent Schwester Linda einen Heiratsantrag, diese heiratet jedoch ihren Chef Dr. Moore.

Das „Spiel in drei Akten" wurde von P. G. Wodehouse ins Englische übertragen; im deutschsprachigen Raum erlebte es nur zwei Inszenierungen. Die Uraufführung am 9. September 1954, Städtische Bühnen Kiel, erhielt niederschmetternde Kritiken. Peter Loos' Bearbeitung am 23. Dezember 1971 am Theater in der Josefstadt mit Leopold Rudolf als Vincent blieb gleichfalls erfolglos.

Der Zweiakter „... Or not to Be", 1943 geschrieben, wurde in Manuskriptform gefunden, ebenso einige unvollendete Stücke und Pläne. Bücher, Artikel aus Molnárs Feder gab es noch danach, aber seine Bühnenarbeit ist bereits um diese Zeit als beendet zu betrachten.

Wanda Barthas Tod — am 28. August 1947 wurde sie in ihrem Hotelzimmer tot aufgefunden; Molnár bestritt bis zu seinem Lebensende, daß sie Selbstmord durch eine Überdosis Schlaftabletten verübt hatte — machte aus einem der geistvollsten Männer des Theaters einen gebrochenen Greis. Er selbst starb im Mount Sinai Hospital am 1. April 1952, wohin ihn Lili Darvas zehn Tage zuvor eingeliefert hatte, da er in unverfälschtem Molnár-Stil klagte: „Ich brauche eine Neubearbeitung wie mein Liliom..."

Seine letzten Worte sprach er auf dem Operationstisch, bevor er die Narkose bekam, aus der er nie mehr erwachen sollte. Der berühmte Professor kam in letzter Minute an, und die Ärzte begrüßten einander. Da sagte Franz Molnár: „Ich bin hier der Star, und ich werde von niemandem begrüßt?"

26. FRANZ MOLNÁRS PERSÖNLICHKEIT UND WERK IM PANORAMA DER WELTDRAMATIK — MOLNÁRS RENAISSANCE

Franz Molnár ist einer der umstrittensten Dramatiker des 20. Jahrhunderts. Seine Gegner und seine Anhänger liefern einander bis heute theaterwissenschaftliche Presseduelle, bei denen die Fechtwaffen, manchmal schwere Säbel, manchmal elegante Florette, nur so blitzen. Vorbeigehen an ihm kann kein Kritiker, kein Theaterwissenschaftler.

Sein Bekanntheitsgrad auf der ganzen Welt ist unumstritten. Er wurde in nicht weniger als 28 Sprachen aufgeführt. Diese sind in alphabetischer Reihenfolge: Armenisch, Bulgarisch, Deutsch, Englisch, Esperanto, Estnisch, Finnisch, Französisch, Hebräisch, Holländisch, Ido, Italienisch, Japanisch, Kroatisch, Littauisch, Norwegisch, Polnisch, Portugiesisch, Rumänisch, Russisch, Schwedisch, Serbisch, Slowakisch, Spanisch, Tschechisch, Türkisch, Ukrainisch, Ungarisch.

1960 wollte ein amerikanisches Theater seinen Namen annehmen.

Keine einzige amerikanische Dramenanthologie vergißt Molnár als einen der großen Reformer der Bühnenliteratur im 20. Jahrhundert zu erwähnen. Der moderne Literaturgeschichtler John Gassner reiht ihn nach Tschechow zwischen Gorki, Shaw, Galsworthy, Maugham, Pirandello und Saroyan ein. Ohne Anspruch auf Vollständigkeit eine kleine Auswahlliste gleichsam erdrückend bedeutender Namen, mit denen Molnár verglichen wurde: Moliére, Wilde, Maupassant; im k. u. k.-Bereich: Grillparzer, Nestroy, Schnitzler, Hofmannsthal, Musil. Seine Wirkung auf Bert Brecht, der ihn gekannt und studiert hat, nicht zuletzt durch die vielen Molnár-Bühnenstücke, in denen seine Frau Helene Weigel mitspielte, ist ebenfalls kaum zu leugnen.

Die österreichische Theaterwissenschaftlerin Margaret Dietrich schreibt, Franz Molnár und Gabor von Vaszary respräsentierten das ungarische Drama des 20. Jahrhunderts.

Bedeutsam erscheint auch, daß Thomas Mann Franz Molnár als hochbegabtem Schriftsteller Anerkennung zollte.

In Ungarn berufen sich in der bis heute nicht verebbenden hitzigen Diskussion über Wert oder Wertlosigkeit (aus politischer Sicht sogar Schädlichkeit) des Ferenc Molnár seine Befürworter auf Weggefährten seiner Jugend, die bereits als Klassiker gelten. So auf den Dichterfürsten Endre (Andreas) Ady, der ihn hoch einschätzte und bemängelte, seine Talente nicht immer voll eingesetzt zu haben. Ady über Molnár: „Es wohnen ihm achtzig Schriftsteller inne, und er könnte achtzigmal mehr geben als er gibt."

Ein anderer Zeitgenosse des jungen Molnár, der oftmals zitiert wird, ist Dezsö (Desider) Kosztolányi, Poet, Schriftsteller und Publizist. Auch er schlägt in die gleiche Kerbe wie Ady: „Als Künstler ist er bescheiden. Er könnte auch ein Tonnengewicht heben, doch jongliert er meistens nur mit zwanzig Kilo schweren Bällen, das mit phänomenaler Sicherheit." Ebenfalls Kosztolányi in einer Studie über Molnár-Dramen: „Die Tiefen läßt er allein durch Oberflächenglanz empfinden. Dort, wo das Großsprecherische, das Prahlen mit den Krämpfen des Gebärens in Mode ist, kann dies kaum auf Gegenliebe stoßen. Er ist Herr seines Metiers. Mehr als einmal wurde ihm zum Vorwurf gemacht, die Mittel der Bühne allzusehr auszunützen, aber diese kritische Anklage ist um nicht vieles weiser als einen Dichter zu tadeln, weil seine Sonetten aus vierzehn Zeilen bestehen, und die Zeilenenden reimen sich noch dazu."

Eine Bemerkung, welche erneut Molnárs technische Brillanz in den Vordergrund rückt. Anläßlich seines 100. Geburtstages erklärt jedoch F. László Földényi, Molnár sei zwar „Gefangener und Darsteller der bürgerlichen Gesellschaftsordnung" gewesen, aber er habe „die Technik auf das Niveau des Inhalts gehoben."[99]

Zum selben Problem meint der in Siebenbürgen lebende Tamás Deák, daß Molnár „nicht nur der Technik des französischen und englischen Jahrhundertausklangs die Krone aufgesetzt hat, sondern Pionier einer durchaus neuen und im Laufe des 20. Jahrhunderts sich als zukunftsträchtig erwiesenen Technik war." In diesem Zusammenhang verweist er sogar auf den Philosophen Hegel: „Nach Hegel, der wohl etwas von Kunst verstanden haben wird, ist die Virtuosität auf hoher Ebene selbst dann Kunst, wenn seinem Inhalt gemäß das Kunstwerk nicht zu den Höhen der Meisterwerke emporsteigt. Die Virtuosität, sagt Hegel, ermöglicht dem Virtuosen eine innere Freiheit, mit der er spielend die Höhe erklimmt: die hochgrädige Virtuosität braucht nicht auch noch etwas anderes zu sein, um sich in Kunst zu verwandeln. Der ideale Komponist ist nicht der Virtuose; der hervorragende Virtuose jedoch (Hegels Beispiel: Scarlatti) ist unbedingt ein Künstler. Nun, in diesem Sinne ist Ferenc Molnár unbedingt ein Künstler." Der Artikel endet mit dem Satz: „Verzeihen wir ihm den Erfolg."[100]

Lassen wir zu diesem Themenkreis noch einmal Aurel

---

[99] F. László Földényi: „Molnár Ferenc 1978-ban", Nagyvilág, 1978.

[100] Tamás Deák: „Molnár Ferenc évfordulója után", Korunk, Kolozsvár, 1968.

Kárpáti zu Wort kommen: „In der dramatischen Grundidee Molnárs verbarg sich stets ein Tropfen der Inspiration. Etwas, das er niemals zur Gänze dem Virtuosen geopfert hat. Jawohl, der gewisse ‚soziale Öltropfen', der durch seine Gegenwart den auf der Seite der Schwächeren stehenden, sich gegen Ungerechtigkeiten wendenden Humanisten verrät... Molnár gehörte zu den allerersten Meistern der Feder. Er ging stets auf ‚Nummer sicher' und konnte auch alles vollendet ausdrücken, was er wollte. Er war sich der Grenzen seiner eigenen Begabung und seiner Kräfte bewußt, die er bis zum äußersten ausnützte. Scheinbar mit Leichtigkeit, mühelos, mit französischer Eleganz und Nüchternheit... Die Lebendigkeit des gesprochenen Wortes bewahrt er auch auf dem Papier, die Farbe, die Intensität, die lebhafte Schwingung der Stimme schlägt durch. Er ist natürlich und künstlerisch zugleich, wie der Kristall, der, dem schöpferischen Zwang der Verwirklichung folgend, notgedrungen eine fehlerlose geometrische Form annimmt... Er war ein geborener Dramatiker und mit einer glücklichen poetischen Ader gesegneter Schriftsteller. Und dieses seltene Zusammentreffen auf der Bühne ist der echteste Wertmesser nicht nur seines Weltruhms, sondern seines literarischen Ranges, seiner ganzen schöpferischen Kunst."[101]

In einem Budapester Zeitungsartikel, der zu Molnárs Siebziger erschienen ist, findet sich ein seltsamer Aspekt in der Beurteilung des Dichters. Hier wird darauf aufmerksam gemacht, daß Molnár sich im Grunde genommen immer schon von den Mysterien angezogen gefühlt hatte. „Sein geistiger Weg", heißt es unter anderem, „vom Herrn Verteidiger über den Teufel bis zur Roten Mühle, war nichts anderes als ein Weg vom Rationalismus zum Mysterium der Güte."[102]

Freilich haben auch die Molnár-Gegner ihre Klassiker, die zur Unterstützung ihrer negativen Urteile herangezogen werden können. Der prominenteste unter ihnen ist

---

[101] Aurel Kárpáti: „Molnár Ferenc - Mozaik", Budapest.
[102] Endre Sós: „A hetvenéves Molnár Ferenc", Népszava, 13. 1. 1948.

der Kulturphilosoph Georg Lukács, der anfangs noch mit einer gewissen Objektivität, später nur noch geringschätzig über Molnár zu Gericht sitzt. Hier zwei diesbezügliche Lukács-Meinungen: „Zwei von einander völlig unabhängige Fähigkeiten offenbaren sich in Ferenc Molnárs Stükken. Die eine ist wahrhaftig und ernsthaft schriftstellerische Qualität (wenn auch nicht sehr hochrangig): die naturalistische Klarsicht und scharfes Gehör gegenüber den Erscheinungen des alltäglichen Lebens. Die andere hat mit der Literatur selbst nichts zu tun: Fruchtbarkeit in der Erfindung wirksamer Griffe." Das andere Statement von Lukács aus dem Jahre 1918: „Der Trick und die darauf gehängte Geistreichelei dehnten den Umfang der Glosse zu drei Akten."

Eine andere, von den ungarischen Molnár-Gegnern oft zitierte Größe, der ehemalige Kabarettist Andor Gábor, läßt schon schwerere ideologische Geschütze gegen den politisch verhaßten Bühnenautor auffahren: „Er ist in der Tat der Dichter des heutigen Bürgertums. Jenes Bürgers, der über seine Gesellschaft nicht hinaussehen kann und will, der aber im tiefsten Inneren so fühlt: mich wird das System noch aushalten, ich lebe noch mein Leben in dieser Gesellschaft — doch möchte er dieses Gefühl nicht um die Welt bewußt machen. Hingegen findet er jede Literatur langweilig, aus der dieses Gefühl gänzlich fehlt. Das Erdbeben ist irgendwie notwendig — nur sollte es sich im nachhinein immer herausstellen, daß es ein Irrtum, ein Mißverständnis, ein Spiel, ein Trick usw. usf. war. Kein Wunder, wenn Molnár auf dieser Linie von Welterfolg zu Welterfolg schreitet."[103]

Der Dramatiker Endre Illés meint, Molnár habe seine Figuren künstlich erzeugt, sie stammten aus der Retorte.

Béla Osváth, Hauptwortführer der Anti-Molnár-Kämpfer, betitelt ein Kapitel seiner Studie „Die Dramaturgie der Lüge". Darin stellt er die These auf: „Ferenc Molnárs Dramen sind allgemein in zwei Gruppen einzureihen. In

---

[103] Andor Gábor im illegalen kommunistischen Organ „100 %" unter dem Pseudonym László Kelemen, anfang der zwanziger Jahre.

die eine gehören jene, in denen sich am Ende herausstellt, daß nichts geschehen ist (‚Der Teufel‘, ‚Der Leibgardist‘ usw.). In die andere jene, in denen bewiesen wird, daß nichts passiert sei (beispielsweise ‚Spiel im Schloß‘, ‚Vorspiel zum König Lear‘). Diese sind jene Molnár-Stücke, die mit Pirandellos Dramen verglichen werden, in denen er angeblich Pirandello zuvorgekommen war." Nachdem er diese allgemein bekannte, theaterwissenschaftlich gesicherte Tatsache bestreitet, kommt er zu dem Schluß: „Man muß der Lüge Glauben schenken, wenn man ruhig leben will. Dies ist die Aussage des Leibgardisten, und diese antihumane, dekadente Auffassung verkündet noch aggressiver das ‚Vorspiel zu König Lear‘ und das ‚Spiel im Schloß‘."[104]

Ein Lustspielautor namens Dezsö Gyárfás bietet der Osváth-Kampagne Paroli. Er spöttelt: „Interessanterweise ist es in einem an Lustspielen so reichen Land wie Frankreich noch niemandem eingefallen, die französische Theaterkultur zu entscriben, und im allgemeinen taucht nirgends die Sehnsucht nach Befreiung von guten Bühnenstücken auf. Bei uns kommt es jedoch häufig zu der Komödiensituation, daß wir glauben, wir hätten weniger schlechte Stücke, wenn wir die guten nicht spielten." Nüchtern kommt er zur Schlußfolgerung in der Wertung Molnárs: „Molnár ohne Legenden und Mythen ist nicht mehr und nicht weniger als jene Lustspielschreiber, die jedes Volk braucht, und die zu jeder Theaterkultur gehören, da ihre Verspieltheit, ihre Leichtigkeit, ihre gelungene abgerundete Form, ihre Rollenmöglichkeiten die Theaterleiter immer wieder aufs neue dazu anspornen, neben dem einen oder anderen Klassikerriesen auch in ihnen das Unvergängliche zu erkennen."[105]

Im Westen haben auch anfängliche Gegner mehr Verständnis für den Komödiendichter, der in seiner Heimat kein Prophet werden durfte, aufgebracht. Alfred Kerr bestätigte immerhin, daß „inmitten des Kitsch auch Züge von Genialität" aufzufinden seien.

---

[104] Béla Osváth: „A Molnár-legenda", Kritika, 1963.
[105] Dezsö Gyárfás: „Vita a Molnár-legendával", Uj Irás, 1963.

Nicht zweigeteilt, nicht in Rechtfertigungs-Manier, sondern sich offen zum Bühnenschriftsteller bekennend, steht Hans Weigel zu Franz Molnár. Er nennt ihn „Schopenhauer des Boulevards": „Aus einem dunkelgrauen Weltbild Heiterkeit destillierend — solch ein Schopenhauer des Boulevards ist auch Franz Molnár, den man eigentlich Ferenc heißen müßte. Er kam in Budapest zur Welt, er schrieb in ungarischer Sprache, aber er war kein ungarischer, sondern ein österreichisch-ungarischer Autor... Ein Komödienkosmos liegt vor, und alle hier aufgezählten Stücke wurden in Wien, dem Boulevard-Bayreuth, seit 1945 neu erprobt und haben bestanden... In allen sind Skepsis, Misanthropie, Resignation, sardonisches Lächeln mit dem Zuckerguß perfekten Handwerks überzogen, aber sie sind in Wirklichkeit alle miteinander... ich sag's so ungern, weil ich's schon kaum mehr lesen und hören kann, doch einmal im Leben will ich's ad maiorem Molnaris gloriam noch sagen: Sie sind gesellschaftskritisch... Hugo von Hofmannsthals weiser Imperativ, man müsse die Tiefe verstecken, und zwar an der Oberfläche, ist von Molnár verwirklicht worden... Daß Molnár ein Dichter war, muß sich erst herumsprechen."[106]

Der hungaro-amerikanische Molnár-Forscher George L. Nagy sieht Molnár ebenfalls als österreichisch-ungarischen Autor. In der Zusammenfassung seiner Studien schreibt er:

„Im Grunde war er Komödiendichter. Seine tragisch endenden Stücke ‚Himmlische und irdische Liebe', ‚Das unbekannte Mädchen', ‚Des Königs Mädchen', ‚Der Kaiser' sind im deutschen Sprachgebiet nie gespielt worden.

Nach 1945 erschienen Molnárs Stücke wieder auf dem Spielplan der deutschen und österreichischen Theater. Die Zahl der Inszenierungen war nicht hoch, aber immer noch höher als in Ungarn.

In Ungarn streitet man weiter, ob Molnár mit einem positiven oder negativen Vorzeichen in die Nationalliteratur aufgenommen werden sollte. Die Österreicher zählen ihn

---

[106] Hans Weigel: „Der Schopenhauer des Boulevards", Kurier, 15. 1. 1978.

mittlerweile — nicht ganz zu Unrecht — zu ihren eigenen Dichtern, denn in den zwanziger und dreißiger Jahren verbrachte Molnár mehr Zeit in Wien als in irgendeiner anderen ausländischen Stadt. Dort schloß er auch seine dritte Ehe. In den österreichischen Bearbeitungen werden die Schauplätze oft nach Österreich verlegt und die Namen der Personen verdeutscht.

Molnárs dramatisches Werk kann in keine der litararischen Strömungen unseres Jahrhunderts eingeordnet werden. Er hat mit den Mitteln des Naturalismus, Impressionismus und Expressionismus experimentiert. Doch in der Mehrzahl seiner Komödien, insbesondere der bürgerlichen, verwendete er realistische Methoden zur Darstellung wirklichkeitsfremder Situationen und Begebenheiten.

Wegen seiner hervorragenden Bühnentechnik verdient Molnár einen prominenten Platz in der europäischen Theatergeschichte. Vor allem dieser Bühnentechnik ist es zuzuschreiben, daß seine thematisch überholten Konversationsstücke dem Publikum heute noch imponieren können. ‚Liliom', ‚Spiel im Schloß' und ‚Olympia' werden den Dichter noch lange überleben. In Ungarn hat Molnár seinen Namen bereits mit dem Roman ‚Die Jungen der Paulstraße' unsterblich gemacht, und die Zukunft verspricht ein ansteigendes Interesse für sein Lebenswerk."[107]

Die wahrhaftige Molnár-Renaissance auf österreichischen Bühnen ist wohl der Dank dafür, daß der Dramatiker der ganzen Welt so viel österreichisch-ungarisches Gedankengut vermittelt hat. Ob Franz Molnárs Lebenswerk als Dichtung anzusehen oder nur als Boulevard abgetan werden muß — wobei ja in unserer humorlosen Zeit auch die gehobene Unterhaltung nicht zu verachten wäre —, zur gültigen oder gar endgültigen Beurteilung dieser Frage ist es wohl noch zu früh. Alfred Polgar, Molnár-Freund und Übersetzer, hat ihn allerdings schon „eingeordnet". Er formuliert mit molnárschem Esprit nach dem Tod des Bühnendichters: „Molnár lebte nach dem

---

[107] George L. Nagy: „F. M.'s Stücke auf der deutschsprachigen Bühne."

Grundsatz: das bescheidenste Zimmer im besten Hotel. Ich glaube, solcher Platz käme ihm auch drüben zu, in der Siedlung für jene, die bei Lebzeiten gute Theaterstücke geschrieben haben; ein kleines Zimmer, aber in dem Haus, wo die Großen wohnen..."